T0128067

essentials

essentials liefern aktuelles Wissen in konzentrierter Form. Die Essenz dessen, worauf es als „State-of-the-Art" in der gegenwärtigen Fachdiskussion oder in der Praxis ankommt. *essentials* informieren schnell, unkompliziert und verständlich

- als Einführung in ein aktuelles Thema aus Ihrem Fachgebiet
- als Einstieg in ein für Sie noch unbekanntes Themenfeld
- als Einblick, um zum Thema mitreden zu können

Die Bücher in elektronischer und gedruckter Form bringen das Expertenwissen von Springer-Fachautoren kompakt zur Darstellung. Sie sind besonders für die Nutzung als eBook auf Tablet-PCs, eBook-Readern und Smartphones geeignet. *essentials:* Wissensbausteine aus den Wirtschafts-, Sozial- und Geisteswissenschaften, aus Technik und Naturwissenschaften sowie aus Medizin, Psychologie und Gesundheitsberufen. Von renommierten Autoren aller Springer-Verlagsmarken.

Weitere Bände in der Reihe http://www.springer.com/series/13088

Urs Alter

Teamidentität, Teamentwicklung und Führung

Wir-Gefühl am Arbeitsplatz ermöglichen – das Potenzial des Teams nutzen

2., überarbeitete, aktualisierte und durchgesehene Auflage

Urs Alter
Zürich, Schweiz

ISSN 2197-6708   ISSN 2197-6716   (electronic)
essentials
ISBN 978-3-658-22639-8   ISBN 978-3-658-22640-4   (eBook)
https://doi.org/10.1007/978-3-658-22640-4

Die Deutsche Nationalbibliothek verzeichnet diese Publikation in der Deutschen Nationalbibliografie; detaillierte bibliografische Daten sind im Internet über http://dnb.d-nb.de abrufbar.

Gedruckt auf säurefreiem und chlorfrei gebleichtem Papier

Springer ist ein Imprint der eingetragenen Gesellschaft Springer Fachmedien Wiesbaden GmbH und ist ein Teil von Springer Nature
Die Anschrift der Gesellschaft ist: Abraham-Lincoln-Str. 46, 65189 Wiesbaden, Germany

Was Sie in diesem *essential* finden können

- Wie Führungskräfte Bindung ans Unternehmen und Identität am Arbeitsplatz ermöglichen, damit Mitarbeitende ihr Bestes geben können.
- Praktische Anregungen zu Ansätzen und Maßnahmen der Teamentwicklung als wichtige Aufgabe von Führungskräften.
- Klärung von Konzepten wie Vision, Mission und Wertvorstellungen, die für ein Team orientierende Leitgedanken sind und ein Wir-Gefühl schaffen.
- Konkrete Vorgehensweisen zum Erarbeiten solcher Leitgedanken als Fundament der Teamidentität, die das Verhalten des Einzelnen und das Teamverhalten prägt.
- Den Nutzen von strategischem Denken in der Teamführung für die Entwicklung der eigenen Identität und der Identität der Mitarbeitenden.

Vorwort

Eine Führungskraft führt nicht nur Einzelne, sondern auch eine Gruppe. Wer hier seine Fähigkeiten verbessern will, findet im Internet zahlreiche Publikationen, die sich mit Teamführung und Teamentwicklung beschäftigen. Er findet jedoch kaum eine Publikation zum Thema Teamidentität, dafür viele Selbstdarstellungen von Beratungsfirmen, die sich als Spezialisten für Teamidentität anpreisen. Der Grund dürfte darin liegen, dass der Begriff Identität mit philosophischen und persönlichkeitspsychologischen Konzepten verbunden ist und nicht in ein handlungsorientiertes betriebswirtschaftliches und arbeitspsychologisches Vokabular passt. Die Arbeit mit diesem Konzept scheint Experten vorbehalten zu sein. An dieser Ausgangslage hat auch die Zeit seit dem ersten Erscheinen dieses *essentials* nichts verändert.

Doch Identität am Arbeitsplatz und Teamidentität sind für Führungskräfte Aspekte, die sie sehr wohl kennen, aber anders benennen. Sie sprechen dann z. B. von der Identifikation mit der Firma, vom Wir-Gefühl in einem Team oder von Anliegen der Teamentwicklung. Dabei ist ihnen wenig bewusst, was sie mit ihrer Art der Führung dazu beitragen. Führungskräfte erwarten hier Wirkungen vom persönlichen Engagement der Mitarbeitenden und von externen Beratern. Zudem ist bei ihnen die Meinung tief verankert, dass es für Teamentwicklung Interventionen von außen braucht. Wir halten dies für einen Irrglauben.

Dieses aktualisierte *essential* richtet sich daher in erster Linie an Teamleitende. Wir möchten ihr Vertrauen darin stärken, dass sie Anliegen der Teamentwicklung selber in die Hand nehmen können. Wir möchten ihnen gleichzeitig Mut machen, ihre Führungsaufgabe im Kontext von Grundfragen des Menschseins zu verstehen, wo es um Sinn, Zweck, Werte und existenzielle Bedürfnisse geht. Dann wird klar, wie wichtig es ist, Mitarbeitenden Identität am Arbeitsplatz zu ermöglichen und eine Teamidentität zu entwickeln, damit sie ihr Bestes geben können. Das wollen doch Unternehmen und Führungskräfte, und das wünscht sich auch der einzelne Mitarbeitende.

Juni 2018   Urs Alter

Inhaltsverzeichnis

Einleitung

Wir betrachten Arbeitsgruppen bzw. Teams unter einer *systemtheoretischen Perspektive* als eigene soziale Einheiten (Systeme). In einer solchen Sichtweise sind Teams handelnde Systeme, die als Ganzes Ziele verfolgen, Probleme lösen oder Entscheidungen treffen. Die Analyse von individuellem Handeln kann dabei nicht erklären, wie und warum eine Gruppe funktioniert. Soziale Einheiten haben eigene Qualitäten, die unabhängig von den Eigenschaften und Fähigkeiten der Individuen beschrieben werden müssen. Dazu benutzt man extrapersonale Eigenschaften wie Aufgabe, Struktur, Kultur. Man weiß heute, dass Teams eigene Kulturen und Normen herausbilden, zu eigenen Strukturierungen von Arbeitsaufträgen tendieren und so über ein eigenes Lösungspotenzial verfügen (Schiersmann und Thiel 2014, S. 302). Damit aber ist auch naheliegend, dass Teams so etwas wie eine eigene Identität haben.

Identität beschreibt eine ‚Seins-Weise' des Individuums: Ich weiß, wer ich bin, was mich von anderen unterscheidet und wozu ich gehöre. Identität hat also immer mit Bindung und Abgrenzung zu tun und gibt Sicherheit. Bei der Teamidentität sind ähnliche Aspekte wichtig: Wir wissen, wofür wir gebraucht werden, was das Besondere an uns ist, was uns zusammenhält. Wenn Teamleitende erfolgreich sein wollen, müssen sie diese beiden Aspekte der Identität berücksichtigen. Sie führen Individuen mit je eigener Identität, die ein Mitarbeitender[1] auch in seiner Rolle am Arbeitsplatz hat. Für einen Mitarbeitenden stellt sich dort die Frage: Bin ich hier am richtigen Ort, wo ich mich und mein Bestes einbringen kann und

---

[1]Aus Gründen der Lesbarkeit wird in diesem essential in der Regel auf die korrekte Verdoppelung der männlichen und weiblichen Form verzichtet.

© Springer Fachmedien Wiesbaden GmbH, ein Teil von Springer Nature 2019
U. Alter, *Teamidentität, Teamentwicklung und Führung*, essentials,
https://doi.org/10.1007/978-3-658-22640-4_1

will? Wir setzen voraus, dass dies auch Führungskräfte wollen. Dann aber müssen sie den Mitarbeitenden Identität am Arbeitsplatz ermöglichen.

Dieser Prozess des Ermöglichens setzt voraus, dass eine Führungskraft die Zusammenhänge zwischen Bindung, Identität und Führungsverständnis wahrnimmt. Deshalb beginnen wir unsere Ausführungen mit grundsätzlichen Überlegungen zur Bindung der Mitarbeitenden und zur Identität. Dann zeigen wir auf, wie durch die Art der Führung dem einzelnen Mitarbeitenden Identität am Arbeitsplatz ermöglicht wird. In diesem Kapitel werden Orientierungen zum Führungsverhalten vermittelt. Nach diesen Hinweisen zur eigenen Art der Führung wechseln wir auf die konkrete Teamebene und beschreiben zuerst Methoden der Teamentwicklung, bevor wir auf das Kernanliegen dieses essentials eingehen: den Aufbau einer Teamidentität. Den Abschluss bilden Überlegungen zum strategischen Denken auf Teamebene, weil dieses eng mit der Entwicklung einer Teamidentität verbunden ist.

Bindung ans Unternehmen und Identität der Mitarbeitenden

2

2.1 Erfolgreiche Führung denkt in Zusammenhängen

Führen heißt Einfluss nehmen auf das Verhalten anderer Menschen zur Erreichung von Zielen. Dafür ist die Art und Weise der Führung von Bedeutung. Diese erfolgt entweder mit herkömmlichen Mitteln wie Autorität, Kontrolle und Macht oder über den Aufbau einer guten Beziehung. Heute verwendet man anstelle von Führung oft das Wort *Leadership*. Dabei wird gerne vergessen, dass Leadership im Sinn wirkungsvoller Führung diese beiden Formen der Einflussnahme verbindet. Es geht nicht um ein Entweder-oder, sondern um ein Sowohl-als-auch. Denn das angelsächsische Leadership bezeichnet nicht einfach Führung im traditionellen Sinn, sondern meint eine besondere Art der Führung: eine positive emotionale Beziehung zwischen Führenden und Geführten. Nur eine solche Beziehung ermöglicht einem Leader das, was letztlich Leadership auszeichnet: Menschen begeistern können für eine Vision.

In der *Arbeitswelt* stehen oft nicht Visionen im Vordergrund, sondern *Ziele,* die erreicht werden sollen. Die Führungskraft muss wissen:

- Was will die Organisation (das Unternehmen) erreichen? Die Ziele werden verständlicher, wenn damit eine *Vision* verbunden ist.
- Wie will sie das erreichen? Mit dieser Frage ist die *Strategie* der Organisation verknüpft, die auf der operativen Ebene umgesetzt werden muss.

© Springer Fachmedien Wiesbaden GmbH, ein Teil von Springer Nature 2019
U. Alter, *Teamidentität, Teamentwicklung und Führung,* essentials,
https://doi.org/10.1007/978-3-658-22640-4_2

3

Im *Verantwortungsbereich einer Führungskraft* stellen sich diese beiden Fragen ähnlich:

- Was müssen mein Team/meine Mitarbeitenden erreichen? Vereinbarte Zielsetzungen geben Antwort darauf. Auch auf der Teamebene macht eine Vision Zielsetzungen verständlicher.
- Wie sollen diese Ziele erreicht werden? Auch auf der operativen Ebene gibt es Strategien zur Umsetzung von Gesamtstrategien. Sie finden ihren Ausdruck in Aufgaben, Strukturen und Verhaltensnormen.

Diese Fragen müssen jedoch in Zusammenhang mit einer ganz anderen, übergeordneten Frage beantwortet werden, die sich sowohl Führenden wie Geführten stellt:

- Wer bist Du und möchtest Du sein? Diese Frage zielt auf die *Identität* einer Person.

Die Frage nach der Identität begleitet den Menschen sein ganzes Leben lang, sie hilft ihm bei der Sinnsuche, beim Dazugehören, bei notwendigen Abgrenzungen. Das ist jedoch nicht auf den privaten Bereich beschränkt, denn durch nichts definiert sich der moderne Mensch mehr als durch seine Arbeit[1]. Effektive Führung gestaltet und verbindet deshalb die oben genannten Fragen und muss auf die folgenden Fragen Antwort geben können:

- Wer bist Du und möchtest Du hier am Arbeitsplatz sein? D. h., mit dem Team und den einzelnen Mitarbeitenden muss eine Identität aufgebaut werden.
- Was möchte das Team erreichen? D. h., mit dem Team muss eine Vision entwickelt werden.
- Wie wollen wir dies erreichen? D. h., auf Teamebene muss eine Strategie entwickelt werden.

---

[1]In Anbetracht der schnell fortschreitenden vierten industriellen Revolution – die Ersetzung des Menschen durch Roboter – kann diese Aussage hinterfragt werden. Was das für die Identität bedeutet, weiß jedoch niemand. Siehe dazu Vogel-Heuser et al. (2017).

Die Verbindung von Identität, Vision und Strategie wirft in der Führung eine Kernfrage auf:

> ➤ **Warum sollten die Geführten mit ihrer je eigenen Identität eine Vision verwirklichen und eine Strategie umsetzen, die zuerst einmal nichts mit ihnen zu tun hat?**

Diese Kernfrage wird durch die Art der Bindung an eine Organisation beantwortet.

2.2   Zwei Arten von Vertrag mit den Mitarbeitenden

Bindung beschreibt ein Verhältnis zwischen zwei voneinander unabhängigen Akteuren, die aus subjektiven Überlegungen eine gegenseitige Abhängigkeit schaffen, weil es beiden nützt. Verträge regeln solche Bindungen. Mitarbeitende und Arbeitgeber haben zwei verschiedene Verträge miteinander (Grote und Staffelbach 2006):

- **Transaktionaler Vertrag**
  Diese Vertragsart wird in formalen und juristischen Dokumenten geregelt und geht von folgenden Prämissen aus:
  – Arbeitnehmer und Arbeitgeber befinden sich in einem Tauschverhältnis,
  – Arbeit gegen Lohn und Versicherungen,
  – Leistung verlangt Gegenleistung.
  Dahinter steht das Menschenbild des *Economic Man,* das die Grundlage des ökonomischen Denkens bildet. Bei der gegenseitigen Abhängigkeit geht es um *Befriedigung von Eigeninteressen* und *Maximierung des eigenen Nutzens.* Der Wille zum Arbeiten wird v. a. durch extrinsische Motivation beeinflusst.

Wenn zwischen Arbeitgeber und Arbeitnehmer nur die Form eines transaktionalen Vertrags bestehen würde, könnten viele Arbeitsplatzwechsel gar nicht erklärt werden. Geld und Anreizsysteme reichen nicht aus, um Mitarbeitende an sich zu binden, damit diese sich motiviert für die Firma einsetzen. Als Einzelwesen sind wir zwar egoistisch, doch wir sind immer auch Teil eines Ganzen. Wenn sich Mitarbeitende und Unternehmen mit einem Vertrag binden, bestehen nicht nur materielle Interessen, sondern er auch existenzielle Grundbedürfnisse. Diese sind im sogenannten psychologischen Vertrag geregelt:

• **Psychologischer Vertrag**
  Diese Vertragsart ist informeller Art und wirkt stillschweigend. Er beinhaltet implizite und ungeschriebene Erwartungen und Angebote der beiden Vertragspartner (Tab. 2.1). Mitarbeitende erwarten z. B.
  – Wertschätzung,
  – Vertrauen und Autonomie,
  – Entwicklungsmöglichkeiten,
  – Sinn in der Arbeit.
  Dahinter steht das Menschenbild des *Social Man*. Menschen sind immer Teil eines sozialen System, in dem *psychologische Grundbedürfnisse* des Individuums befriedigt werden müssen, wenn es im System nicht krank werden soll. Der Wille zum Arbeiten wird in dieser Sichtweise v. a. durch intrinsische Motivation beeinflusst.

Der psychologische Vertrag entwickelt sich im Laufe der Zeit durch Erfahrungen, die beide Vertragspartner miteinander machen. Das betriebswirtschaftliche Institut der Universität Zürich untersucht bei Schweizer Unternehmen in einem sogenannten HR-Barometer u. a. die Einhaltung dieses psychologischen Vertrags. Dabei gilt der psychologische Vertrag als umso erfüllter, je größer die Übereinstimmung zwischen den arbeitnehmerseitigen Erwartungen und dem arbeitgeberseitigen Angebot ist.

Bindung entsteht bei Mitarbeitenden dann, wenn beide Verträge eingehalten werden, erst damit ist die Vielfalt eigener Bedürfnisse und Interessen berücksichtigt.

Tab. 2.1 Gegenseitige Erwartungen im psychologischen Vertrag. (Nach Grote und Staffelbach 2016)

Mitarbeitende	Unternehmen
• Interessante Arbeitsinhalte	• Übernahme von Eigenverantwortung
• Angemessene Entlohnung	• Ziel- und Leistungsorientierung
• Arbeitsplatzsicherheit	• Selbstständige Weiterentwicklung des Wissens
• Loyalität	und der beruflichen Erfahrungen
• Eigenverantwortung	• Identifikation mit dem Arbeitgeber
• Vielfältiger Einsatz der Fähigkeiten	• Wahrung des Ansehens des Arbeitgebers nach
• Entwicklungsmöglichkeiten	außen
	• Anpassung an wechselnde Anforderungen

Die Herausforderung für jede Führungskraft besteht darin, in ihrem jeweiligen Verantwortungsbereich ein soziales System zu gestalten, in dem Eigeninteressen nicht überwiegen und Werte und Regeln eines psychologischen Vertrags ebenso eingehalten werden wie die Abmachungen im transaktionalen Vertrag.

2.3   Die Bedeutung des psychologischen Vertrags

Wenn durch Bindung das Gesamtinteresse die Eigeninteressen überwiegen soll, ist die Einhaltung des psychologischen Vertrags von entscheidender Bedeutung. Die Innovatoren des psychologischen Vertrags halten dazu fest: „Die möglichen Verletzungen eines psychologischen Vertrags durch den Arbeitgeber sind geringere Arbeitszufriedenheit, tieferes Commitment sowie höhere Kündigungsabsichten der Beschäftigten" (Grote und Staffelbach 2016, S. 51). In den letzten Jahren zeigte sich ein negativer Trend hinsichtlich der Einhaltung des psychologischen Vertrags. Seit Erhebung der Daten (2006) driften die Erwartungen der Mitarbeitenden und die Angebote der Unternehmen immer mehr auseinander (Grote und Staffelbach 2016, S. 8, 51). Daraus kann gefolgert werden, dass das neoliberale Denken in der Ökonomie ein Wirtschaftssystem begünstigt, in dem die Bindung von Mitarbeitenden an Unternehmen schwächer wird. Die Vermutung liegt nahe, dass damit das Engagement der Mitarbeitenden und die Effizienz der Unternehmen in Zukunft abnehmen werden.[2]

Die Bindung ans Unternehmen wird durch beiderseitige Einhaltung der Verträge gestärkt. Die Verträge schaffen den Rahmen dafür, dass Mitarbeitende auch in der Arbeit ihre eigene Identität finden. Man bindet sich nämlich erst dann, wenn man in dieser Bindung die eigene Identität leben und ausgestalten kann und wenn diese nicht gefährdet ist. Die Einhaltung des psychologischen Vertrags ist dabei essenziell für die Identität am Arbeitsplatz, weil er die psychologischen und sozialen Grundbedürfnisse eines Individuums berücksichtigt und als Ressource für die Arbeitsleistung nutzt. Gleichzeitig wird auch die Identifikation mit Human-Ressource-Konzepten gestärkt, die in der Beziehung zwischen Organisationen (Unternehmen) und Mitarbeitenden als sehr wichtig gelten, um in einem

---

[2]Richard Sennet (2000) hat schon zur Jahrhundertwende aus einer anderen Perspektive die negativen Folgen der Schwächung von Bindung für Mitarbeitende aufgezeigt.

hart umkämpften Markt effizienter als andere zu sein. Organisationen erwarten heute von ihren Mitarbeitenden im neudeutschen Führungsjargon:

- Involvement (Einbindung)
- Commitment (Verpflichtung)
- Compliance (Zustimmung)

Erfolgreiche Führung denkt in Zusammenhängen: Es gibt kein Involvement, kein Commitment, keine Compliance bei der alltäglichen Umsetzung von Visionen und Strategien der Unternehmen ohne Bindung an das Unternehmen. Bindung hat mit der Möglichkeit der Identitätsfindung in der Arbeit zu tun. Wer erfolgreich führen will, muss sich daher mit dem Thema der Identität auf individueller und auf Teamebene beschäftigen.

2.4   Identität und Identifikation

Identifikation ist ein Begriff, den Führungskräfte verwenden, wenn sie über Einsatz und Leistung der Mitarbeitenden enttäuscht sind. „Zu wenig mit der Arbeit identifiziert", heißt es dann. Dagegen findet der Begriff der Identität kaum Platz im Vokabular von Führungskräften. Der Grund mag darin liegen, dass Identität eher mit Tiefenpsychologie, Philosophie und spirituellen Dimensionen verbunden wird. Wir ahnen, dass Identität mit schwierigen, tiefer liegenden Fragen des Menschseins zu tun hat, für die wir uns allenfalls in unserem privaten Bereich, aber nicht in der Welt der Arbeit interessieren können. Wir haben auch die Erfahrung gemacht, dass wir uns mit solchen Fragen dann beschäftigen, wenn es uns nicht mehr so gut geht. In der Verunsicherung drängen dann grundsätzliche Fragen zum eigenen Leben an die Oberfläche: War es das wirklich? Was will ich noch? Solche Fragen haben mit der eigenen Identität im Leben und mit Sinnsuche zu tun.[3] Doch Fragen nach der eigenen Identität stellen sich nicht nur im privaten Bereich, sondern ebenso im beruflichen Kontext, denn *der moderne Mensch definiert sich durch nichts mehr als durch seine Arbeit* (vgl. Fussnote 1). Und man tut gut daran, wenn man sich solche Fragen nicht erst in Krisensituationen stellt.

---

[3]Für den Philosophen Ernst Bloch sind dies Antworten auf folgende Fragen: Wer bin ich? Woher komme ich? Wohin will ich? Was erwarte ich? Für den Schriftsteller Max Frisch war Identität das Kernthema seines Werkes (z. B. Frisch 2015).

Im Wort Identität steckt das Lateinische ‚idem' (=dasselbe). Identität bedeutet: Ich kann mich in einer Rolle als derselbe erleben, der ich innerlich bin. Man ist in den verschiedenen Rollen, die das Leben von einem verlangt, zwar immer die gleiche Person. Doch echt in diesen Rollen kann man sich nur erfahren, wenn man seine Identität auch in der Rolle findet, sei es als Partner, Vater, Führungskraft, Mitarbeitender, Politiker etc. Dreierlei Erfahrungen bestimmen dabei die Identität:

- **Identität**
  - Ich weiß, wer ich bin.
  - Ich weiß, was mich von anderen unterscheidet.
  - Ich weiß, wo ich dazugehöre.

Diese Identität wird in Rollen und durch Gruppenzugehörigkeit geschaffen. Sie ist ein *notwendiger Prozess in der Persönlichkeitsentwicklung.* Eine wichtige Phase der Identitätsbildung ist die Zeit der Pubertät bis zur Adoleszenz. Der Jugendliche ist in dieser Zeit gezwungen, eine eigene Identität zu finden. Dies geht nur, wenn er seine bewussten und unbewussten Bedürfnisse, Anlagen und Fähigkeiten in verschiedenen Rollen ausprobiert und erfährt. Dies verläuft nicht ohne Konflikte, denn Identität bildet sich in einem Wechselspiel zwischen Abgrenzen und Dazugehören. In diesem Prozess formt sich die Persönlichkeit, gelingt dies nicht, spricht man von einer Identitätskrise. Dieser Prozess hört nie auf, denn man kommt immer in Situationen, in denen man sich abgrenzen muss oder auch dazugehören will.

Wenn man *neu an einem Arbeitsplatz* ist, stellt dieser Prozess der Identitätsbildung besondere Anforderungen. In einer neuen Gruppe hat man immer Fragen, die mit der eigenen Identität zu tun haben: Wie werde ich aufgenommen? Wo muss ich mich anpassen? Kann ich so sein, wie ich bin? Mit dem Älterwerden wird dieser Prozess noch schwieriger, denn mit dem Alter schwinden auch die verschiedenen Möglichkeiten, sich in unterschiedlichen Rollen zu erfahren. Für manche, die sich zu sehr mit ihrer Tätigkeit am Arbeitsplatz identifiziert haben, wird es dann besonders schwierig. Man erlebt sich plötzlich als wertlos und kommt in eine Krise, weil man seine Identität mit der Arbeitsrolle verloren hat und sie in den verbleibenden Rollen nicht mehr findet: Ich weiß nicht mehr, wer ich bin ohne Arbeit.

Diese Überlegungen helfen, Identität von Identifikation abzugrenzen und die Problematik aufzuzeigen, die beim Begriff der Identifikation besteht:

- **Identifikation**
  - Übernahme, Nachahmung, Verinnerlichung von Eigenschaften eines Objekts

Solche Objekte können *Personen* sein ("Natürlich identifiziere ich mich mit meinem Vater."), *Gegenstände, Produkte, Aussagen* ("Ich kann mich mit diesem Leitbild identifizieren.") oder *soziale Systeme* ("Ich habe keine Mühe, mich mit unserer Firma zu identifizieren."). Wenn ich solche Worte gebrauche, bedeutet dies:

- Ich betrachte bestimmte Eigenschaften der Firma als *einen Teil von mir.*
- Ich kann mich hinter etwas stellen, bin voll und ganz damit einverstanden, kann bestimmte Anliegen vertreten – doch ich *bin nicht die Firma!*

Sich-identifizieren-Können mit etwas ist *Voraussetzung für persönliche Entwicklung und Bindungsfähigkeit,* gleichzeitig ist es auch eine *Gefahr.* Wenn man keine starke eigene Identität hat, ist man versucht, bestimmte Eigenschaften nicht einfach als einen Teil von sich zu betrachten sondern sich ganz davon abhängig zu machen. Man spricht dann von *Überidentifikation:* Ich bin dann die Firma. Doch was passiert, wenn ich entlassen werde oder in Rente gehe? Dann bin ich nämlich niemand mehr. Eine eigene Identität haben hilft einem also zu einer gesunden Identifikation. Ich identifiziere mich nur mit etwas, das meinen Eigeninteressen, Grundbedürfnissen und Wertvorstellungen entspricht. Ich muss bei Identifikation ein gesundes Maß auf der Grundlage meiner eigenen Identität finden, Identifikation darf immer nur ein Teil von mir sein. In der Arbeitswelt ist eine für alle Beteiligten nutzbringende Identifikation nur auf der Basis einer eigenen Identität möglich. Führungskräfte sollen deshalb nicht Identifikation verlangen, wenn sie wollen, dass Mitarbeitende ihr Bestes geben, sondern sie müssen den Mitarbeitenden Identität am Arbeitsplatz ermöglichen.

2.5   Teamidentität

Menschen arbeiten in der Regel in einer Gruppe, die einen gemeinsamen Auftrag hat. Wir sprechen in diesem Zusammenhang von Team und unterscheiden dabei nicht verschiedene Arten von Teams oder Arbeitsgruppen und Teams.[4]

- **Ein Team ist eine Gruppe von Mitarbeitenden, die in der Organisation eine geführte soziale Einheit bilden, weil sie einander brauchen, um Ergebnisse zu erzielen.**

---

[4]Vgl. dazu Schiersmann und Thiel (2014, S. 239 ff.).

Der Teamgedanke setzte sich in der Arbeitswelt deshalb durch, weil die Leistung eines Teams größer sein kann als die Summe der Einzelleistungen. Das Team schafft also einen *Mehrwert* bei der Arbeitsleistung. Wenn diese Leistung jedoch größer ist, hat ein Team als soziale Einheit auch Eigenschaften, die unabhängig von den Eigenschaften der Gruppenmitglieder sind. Eine solche Eigenschaft ist die Teamidentität. Sie beantwortet ähnliche Fragen wie die Identität des Einzelnen:

- **Teamidentität**
  - Wir wissen, wofür wir gebraucht werden.
  - Wir wissen, was uns von anderen Teams unterscheidet.
  - Wir wissen, wo wir dazugehören.

Dieses Wissen hat eine nachhaltige Wirkung im Arbeitsalltag:

- Teamidentität prägt das Verhalten im Team und das Teamverhalten.
- Teamidentität bringt das Besondere des Teams zur Geltung.
- Teamidentität schafft den gemeinsamen Boden und den Raum für die Teammitglieder.

Als Einzelner weiß ich dann, wo ich dazugehöre, und muss mich entscheiden, ob ich dazugehören will. Dabei wäge ich ab, inwieweit meine eigene Identität in dieser Teamidentität lebbar ist. *Teamidentität* und *Identität des Einzelnen* am Arbeitsplatz sind also *untrennbar miteinander verbunden* und müssen von Führungskräften gleichermaßen ermöglicht werden.

Teamidentität ist nicht eindeutig fassbar, doch sie ist allgegenwärtig und spürbar. Der Einzelne erlebt Teamidentität als ein ‚Wir-Gefühl‘. Man spricht auch von ‚Teamspirit‘. Spürbar wird sie auch immer dann, wenn tiefer gehende Fragen der Teamarbeit beantwortet werden:

- Welche Vision hat das Team?
- Welche Werte werden gelebt?
- Wie wird miteinander umgegangen? In guten und in schlechten Zeiten?
- An was glaubt das Team?
- Welche Mythen gibt es im Team?
- Was muss man tun, um nicht mehr zum Team zu gehören?
- Worin besteht der einzigartige Beitrag dieses Teams?

Das sind Fragen, die z. T. Aspekte einer Teamkultur beinhalten, sie zielen jedoch in eine andere Richtung. Es sind Fragen, die sozusagen das ‚Wesen' eines Teams ausmachen. Vielleicht ist dieser Bezug zum Begriff des Wesens mit ein Grund, dass in der Führungsliteratur kaum etwas über Teamidentität zu finden ist. Mit diesem Begriff bewegen wir uns im Bereich von mentalen Konzepten, die letztlich nur mit einem philosophischen, persönlichkeitspsychologischen oder spirituellen Zugang fassbar werden. Er passt so gar nicht in die Macherwelt der Ökonomen und Führungspsychologen. Doch jedermann/jedefrau hat eine mehr oder weniger klare Vorstellung darüber und Erfahrungen damit, was denn mit dem Begriff ‚Wesen' gemeint ist: Wesen ist das, was einer Sache, einer Person, einem System ganz charakteristisch zu eigen ist, was es in der Einzigartigkeit, Verschiedenheit und Einheit[5] gegenüber anderen Sachen, Personen, Systemen auszeichnet. Bei Individuen würde man hier von ihrer Persönlichkeit sprechen.

---

[5]Diese drei Aspekte sind Grundlage des Lassalle-Institut-Modells, das in der Weiterbildung von Führungskräften eine ethisch getragene Wertkultur verankert (Gamma 2012).

Identität am Arbeitsplatz ermöglichen

3

3.1 Rollenklarheit schaffen

Die soziologische Rollentheorie erklärt, wie Menschen den Ansprüchen von Organisationen (Unternehmen) gerecht werden, in denen sie tätig sind. Die Organisation gibt sich eine bestimmte Struktur durch Aufgaben- und Machtteilung. Es entstehen Stellen mit bestimmten Funktionen und Positionen. An das Verhalten eines Stelleninhabers sind nun seitens der anderen Akteure im System (Vorgesetzte, Mitarbeitende, Kollegen, Kunden) ganz bestimmte Erwartungen geknüpft. Dieses *Set von Erwartungen* wird als *Rolle* bezeichnet. Man wird der Rolle gerecht, wenn man die Erwartungen erfüllt. Dies erfordert einen wechselseitigen Anpassungsprozess zwischen Individuum und Organisation.[1]

Dieser Anpassungsprozess wird erschwert oder erleichtert durch die Identität, die eine Person schon mitbringt, und durch die Identität, die jetzt am Arbeitsplatz entstehen kann. Eine Führungskraft muss daher ein besonderes Augenmerk auf die Probleme bei der Rollenübernahme legen und dafür sorgen, dass solche Probleme mit den Mitarbeitenden geklärt bzw. gelöst werden. Probleme bei der Rollenübernahme sind:

- **Rollenunklarheiten**
  Unklarheiten der Erwartungen bezüglich Aufgaben und Kompetenzen, d. h., die *Rolle ist nicht klar definiert*. Solche unklaren Rollendefinitionen führen zu großem Konfliktpotenzial in einer Arbeitsgruppe und mit anderen Gruppen

---

[1]Ausführliches zum Rollenkonzept in der Führung findet man in Lippmann et al. (2018, Bd. I, Kap. 4).

© Springer Fachmedien Wiesbaden GmbH, ein Teil von Springer Nature 2019
U. Alter, *Teamidentität, Teamentwicklung und Führung*, essentials,
https://doi.org/10.1007/978-3-658-22640-4_3

und werden häufig dem Mitarbeitenden selber angelastet. Es ist Aufgabe des Vorgesetzten, bei den Mitarbeitenden für klare Arbeitsrollen zu sorgen.

- **Rollenüberlastungen**
  Erwartungen können gar nicht erfüllt werden, weil sie unrealistisch sind und/ oder die Fähigkeiten, Ressourcen und/oder die Unterstützung seitens der Organisation fehlen. Dies führt dazu, dass Mitarbeitende die ihnen *zugedachte Rolle gar nicht gestalten* können. Es ist Aufgabe von Vorgesetzten, solche Missstände zu sehen und zu ändern oder die Rolle anders zu definieren.

- **Rollenkonflikte**
  Verschiedene Erwartungen stehen miteinander in Konflikt oder die Erwartungen werden vom Rolleninhaber nicht akzeptiert. Solche Rollenkonflikte *verunmöglichen Mitarbeitenden die Durchsetzung der eigenen Rolle*. Eine Rolle muss jedoch in der Wirklichkeit auch gegen Widerstand und unter widrigen Umständen durchgesetzt werden können. Der Hebel dazu ist die institutionelle und formale Autorität des Vorgesetzten, der für Klarheit bei Rollenkonflikten sorgt.

3.2   TMK-Prinzip berücksichtigen

Es gilt herauszufinden, was die Mitarbeitenden eigentlich gerne machen, wo ihre Präferenzen (Neigungen) und Stärken liegen und wie diese am Arbeitsplatz nutzbar gemacht werden können. Dabei helfen Persönlichkeitsfragebogen zu Präferenzen und Stärken in der Arbeitswelt (z. B. MBTI, HDI, TMS oder Stärkenprofile der Positiven Psychologie). Die Konsequenz solcher Kenntnisse ist klar, weil wichtige Teile der eigenen Identität berücksichtigt werden:

- Ich arbeite besser, wenn meine persönlichen Präferenzen und Stärken berücksichtigt werden.
- Ich setze meine Stärken schneller ein, als ich meine Schwächen entwickle.
- Ich habe mehr Freude bei der Arbeit und bin motivierter.

Oft genügen Gespräche zwischen Führungskraft und Mitarbeitenden statt aufwendiger und kostspieliger Persönlichkeitsfragebogen, um herauszufinden, was Mitarbeitende gerne machen und auch gut können. Wenn dann Konsequenzen für die Arbeitssituation gezogen werden, wird die TMK-Regel[2] berücksichtigt:

---

[2]Der Begriff TMK-Regel geht auf Hartmut Wagner zurück, der das Team Management System TMS im deutschen Sprachraum eingeführt hat.

- **TMK-Regel**
  - Tun, was wir
  - Mögen, so werden wir
  - Kompetent im Bereich unserer Präferenzen

Damit sind die besten Voraussetzungen dafür geschaffen, dass die richtige Person am richtigen Platz ist und dort ihr Potenzial voll einbringen kann. Dies ermöglicht Identität am Arbeitsplatz.

3.3 Führen von mündigen Menschen

Mitarbeitende sind mündige Menschen und sollten am Arbeitsplatz als solche behandelt werden. Mündigkeit bedeutet in unseren demokratischen Gesellschaften:

- aktiv die Gesellschaft mitgestalten können,
- mitentscheiden können,
- Verantwortung übernehmen,
- in seinen Rechten und Pflichten gleichwertig mit anderen sein.

Mündigkeit ist Teil der Identität von Mitarbeitenden. Dies müssen Führungskräfte berücksichtigen, wenn sie motivierte und engagierte Mitarbeitende haben wollen. Das hat nichts zu tun mit der Einführung der Demokratie im Unternehmen, sondern mit wirksamem Führungsverhalten gegenüber erwachsenen Menschen. Hierarchien, Kompetenzunterschiede und Weisungsbefugnisse entmündigen Menschen nicht, sie erleichtern das Funktionieren in Organisationen und den Aufbau einer Identität in der Arbeit, wenn damit folgendes Führungsverständnis verbunden ist:[3]

- **Leistung fordern statt Mitarbeitende verführen**
  Mitarbeitende haben einen Vertrag unterschrieben, in dem ihre Leistung mit einem Lohn abgegolten wird. Diese Leistung muss vom Vorgesetzten eingefordert werden. Es ist unredlich und zeugt von Misstrauen des Unternehmens, wenn die erwartete Leistung nicht durch den vereinbarten Lohn abgegolten wird, sondern mit zusätzlichen Incentives und Boni, die eine Mehrleistung verlangen. Dadurch werden Mitarbeitende geködert und verführt und nicht geführt.

---

[3]Reinhard Sprenger (z. B. 2014) thematisiert in seinen Büchern immer wieder diese Art der Führung. Die nachfolgende Aufzählung geht von seinen Überlegungen aus.

- **Vereinbarungen treffen und kontrollieren**
  Mitarbeitende müssen wissen, woran ihre Leistung gemessen wird. Solche Zielvereinbarungen müssen ausgehandelt und kontrolliert werden.
- **Konsens herstellen**
  Konflikte zwischen Mitarbeitenden und Vorgesetzten sind unvermeidlich. Wenn solche Konflikte nicht gelöst werden, haben Vorgesetzte ein Führungsproblem. Ihr Ziel im Konfliktmanagement ist daher immer das Hinarbeiten auf eine Konsenslösung.
- **Sinn vermitteln**
  Wenn die Arbeit nicht selber Sinn vermittelt, ist es Aufgabe der Führungskraft, Sinn zu vermitteln. Natürlich ist das schwierig bei vielen einfachen Jobs, die z. B. Migranten nur wegen des einzig möglichen Verdienstes machen. Doch Sinn wird auch durch Wertschätzung vermittelt. Geld gehört dazu, aber auch ganz andere Führungsmittel leisten dies (Interesse nehmen, fördern, Arbeitsbereich ausweiten etc.).
- **Klare Rahmenbedingungen schaffen**
  Mitarbeitende brauchen einen klaren Rahmen für ihre Arbeit. Dazu gehören
  - Klarheit über Aufgaben, Verantwortung und Kompetenzen (vgl. Abschn. 3.1),
  - Freiräume für eigene Aktivitäten,
  - Entfaltungsmöglichkeiten.
- **Unterstützen durch Fördern und Entwickeln**
  Führungskräfte halten ihren Verantwortungsbereich fit, indem sie die Mitarbeitenden fördern und weiterentwickeln. Interesse nehmen an der Entwicklung der Mitarbeitenden schafft Vertrauen und Einsatzbereitschaft.
- **Klarheit über eigenen Führungsanspruch schaffen**
  Trotz partnerschaftlichem Einbezug und gelebter Gleichwertigkeit (nicht Gleichberechtigung!) ist das Machtverhältnis zwischen Mitarbeitenden und Führungskräften immer asymmetrisch. Dazu sollen Vorgesetzte auch stehen, indem sie Klarheit darüber schaffen, wo für sie der eigene Führungsanspruch nicht diskutierbar ist. Diese Klarheit betrifft die Bereiche der Entscheidungen und der Kontrolle.

3.4   Beitragsorientierung betonen

Die Grundidee dieses Prinzips der Ermöglichung von Identität am Arbeitsplatz hat Malik (2014, S. 91) beschrieben. Ein Mann kommt an eine Baustelle, auf der drei Maurer arbeiten. Den ersten fragt er: „Was tun Sie hier?" Dieser schaut verdutzt und meint: „Ich verdiene hier meinen Lebensunterhalt." Er geht zum zweiten und fragt dasselbe. Dieser schaut ihn stolz an und sagt: „Ich bin der beste Maurer im

ganz Land." Dann geht er zum dritten und stellt die gleiche Frage. Dieser denkt
nach und sagt dann: „Ich helfe hier mit, eine Kathedrale zu bauen." Malik stellt
dann die rhetorische Frage: Wer von den dreien ist eine Führungskraft? Die Antwort liegt auf der Hand, denn Führungskräfte müssen immer das Ganze sehen:

- Die Leistung der Mitarbeitenden ist immer ein Beitrag zu einem Ganzen, das
  den Zweck des Unternehmens in der Gesellschaft legitimiert.
- Führungskräfte sorgen für größtmögliche Klarheit über das Ganze, indem sie
  Wissen in Nutzen transferieren.
- Führungskräfte müssen wissen, dass Spezialisten am meisten Mühe mit diesem
  Ganzen haben.
- Führungskräfte müssen dafür sorgen, dass Mitarbeitende das Ganze erkennen.
  Dabei helfen Fragen wie:
  - Worin besteht mein Beitrag?
  - Warum braucht es mich?
  - Wem nützt es?
  - Was muss ich tun, damit es nützt?

Menschen haben die Fähigkeit, über den Eigennutz hinaus zu denken, sie entwickeln und erleben ihre eigene Identität dann als Teil von etwas Gemeinsamem
und Ganzem.

3.5   Commitment fördern

Mit der Einführung des MbO-Prinzips in der Führungs- und Organisationslehre
(Management by Objectives, Führen durch Zielvereinbarungen) wurde sehr bald
klar, dass Ziele nur wirksam sind, wenn sich die Mitarbeitenden mit diesen auch
identifizieren. Heute zieht man es vor, diese Identifikation als Commitment zu
bezeichnen. Der Begriff kommt aus dem Lateinischen, wo ‚committere' ‚anver-
trauen, überlassen' bedeutet. Damit wird auch der Kern dieses Führungskonzepts
sichtbar. Wenn Mitarbeitende ein Commitment eingehen, zeigen sie, dass sie
gegebenes Vertrauen schätzen. Gemeint ist nämlich damit die

- **Selbstverpflichtung der Mitarbeitenden**
  - Mitarbeitende sind bereit, Verantwortung für die eigene Leistung zu
    übernehmen.

Commitment ist immer eine *Verpflichtung mir selber gegenüber* und nicht gegenüber anderen und geht über eine Vereinbarung oder einen Vertrag hinaus. Wo es richtiges Commitment gibt, gibt es auch Engagement. Zwar geht es oft auch ohne Engagement. Die Frage dabei ist: Wie lange? Commitment funktioniert nicht durch Unterschriften, und man kann es nicht verordnen. Aber man kann Commitment als Führungskraft ermöglichen. Der Schlüssel dazu ist *Vertrauen geben.*[4] Damit ist ein weiterer Baustein für den Aufbau einer Identität am Arbeitsplatz gesetzt.

3.6   Leistung und Verantwortung

In der Führung geht es letztlich darum, Einfluss auf die Mitarbeitenden zu nehmen im Hinblick auf eine optimale Leistung. Dies ist auch bei sogenannten menschenorientierten Führungskonzepten der Fall: Es geht Organisationen um Leistung und nicht einfach um Wohlbefinden. Beim Leistungsaspekt wird gerne verkannt, dass es dabei nicht nur um den Mitarbeitenden geht. Es gilt zu unterscheiden, wer eigentlich welche Verantwortung bei der Erbringung der Leistung innehat. Dies verdeutlicht das Leistungsdreieck (Abb. 3.1).

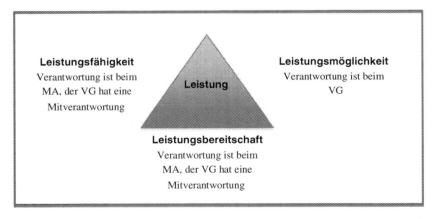

Abb. 3.1 Das Leistungsdreieck und Zuordnung von Verantwortung (*MA:* Mitarbeiter, *VG:* Vorgesetzter, Führungskraft)

---

[4]Das Vertrauenskonzept in Arbeitsbeziehungen wird ausführlich dargestellt in Osterloh und Weibel (2006).

- **Leistungsfähigkeit**
  Damit ist das *‚Können'* des MAs gemeint, das er durch seine Ausbildung, sein Wissen und seine Erfahrungen mitbringt und das er weiterentwickeln muss. Verantwortung für dieses Können trägt hauptsächlich der MA, der VG hat eine Mitverantwortung, indem er Weiterentwicklung fördern und unterstützen muss.
- **Leistungsmöglichkeit**
  Damit ist das *‚Dürfen'* des MAs und das *‚Ermöglichen'* gemeint: Sind die Arbeitsbedingungen so gestaltet, dass er seine Fähigkeiten optimal gebrauchen kann? Darüber entscheiden der Rahmen, die Kompetenzen und die vorhandenen Ressourcen, Die Gestaltung der Bedingungen für die Leistungsmöglichkeit ist Aufgabe des Vorgesetzten.
- **Leistungsbereitschaft**
  Damit ist das *‚Wollen'* gemeint, das sich in der Motivation des MAs ausdrückt. Sprenger (2014) hat zu Recht nachdrücklich darauf hingewiesen, dass die Motivation von den MA her kommt und dass VG vor allem einen Einfluss auf die Demotivation haben.

Klarheit schaffen über Verantwortung und Leistung ist eine wichtige Voraussetzung für den Aufbau einer Identität am Arbeitsplatz.

Teamentwicklung als Ausgangspunkt für Teamidentität

4.1 Teamentwicklung ist eine Aufgabe der Führungspersonen

Wir haben bisher davon gesprochen, was in der Führung des einzelnen Mitarbeitenden notwendig ist, um ihm eine Identität am Arbeitsplatz zu ermöglichen. Doch die Führungskraft führt nicht nur Einzelne, sondern eine Gruppe, die gegenüber der Summe der Einzelleistungen einen Mehrwert schafft. Dieser Mehrwert ergibt sich nicht von alleine. In der Führung müssen deshalb *neben personalen Aspekten auch Gruppenaspekte* wie Gruppendynamik, Gruppennormen, Gruppenkultur, Kommunikationsstrukturen im Auge behalten werden. Dies sind Eigenschaften, die zwar von den einzelnen Teammitgliedern beeinflusst werden, die jedoch unabhängig von ihnen beschrieben und gesteuert werden können. Sie betreffen eben die Gruppe als Ganzes.

Wir alle haben ein feines Gespür für solche Gruppenaspekte und die damit verbundene Führung. Viele haben Erfahrung damit, was ein gutes Team ausmacht und wie wichtig der Beitrag der Führung dabei ist. Viele haben auch Erfahrung damit, wie schwierig es ist, in einem nicht funktionierenden Team zu arbeiten, und welchen Anteil dabei die Führung hat. So erstaunt es auch nicht, dass Kündigungen wegen Teamproblemen zu den häufigsten Ursachen für Abgänge gehören. Man spricht dann von einem schlechten Teamgeist, schlechter Teamkultur, von einer unerträglichen Teamatmosphäre – man könnte auch von einer fehlenden Teamidentität sprechen. Bei solchen Problemen wird dann der Ruf nach einer anderen Teamführung oder nach gemeinsamer Teamentwicklung laut.

Teamentwicklung ist ein notwendiger Veränderungs- und Entwicklungsprozess, wenn ein Arbeitsteam fit bleiben soll für die Bewältigung der Aufgaben. Neue Aufgaben, Anforderungen, Zusammensetzungen verlangen einen kontinuierlichen

Anpassungsprozess der Gruppe durch Lernen und Umlernen. Es gibt keine Ver-
besserungen, keine erfolgreichen Innovationen, kein Überleben von Teams ohne
solche Entwicklungsprozesse.

- **Unter Teamentwicklung werden alle Maßnahmen verstanden, die der
  Entwicklung und Erhaltung der Leistungsfähigkeit eines Arbeitsteams
  dienen.**[1]

Es ist die Pflicht der Teamleitung, diesen Tatsachen Rechnung zu tragen, indem
sie Teamentwicklung zu einer vorrangigen Führungsaufgabe macht. Natürlich
kann sich die verantwortliche Führungsperson dazu Hilfe holen von Beratern.
Doch die *Teamentwicklung kann nie an Außenstehende delegiert werden,* sie
ist immer Aufgabe der verantwortlichen Führungskraft. Die dabei geforderte
Führungskompetenz richtet sich sowohl auf die *inhaltlich/fachliche Steuerung*
der eigenen Arbeitsgruppe als auch auf die *Steuerung der Gruppenprozesse.* Die
Führungskraft orientiert sich bei notwendigen Maßnahmen zur Teamentwicklung
an strategischen Überlegungen des Unternehmens und/oder an aktuellen Situationen, Aufgaben- und Problemstellungen aus dem Arbeitsumfeld.

4.2   Wann und wo mit Teamentwicklung ansetzen?

Wir unterscheiden in der Führung eines Arbeitsteams vier Handlungsfelder für
Teamentwicklung. Ausgangspunkt ist dabei immer eine Problemsituation im entsprechenden Handlungsfeld oder eine notwendige Veränderung im Hinblick auf
die Bewältigung von zukünftigen Herausforderungen.

- **Sachebene:** Aufgaben und Zielsetzungen im Team
  - Aufgabenklärung (unklare Aufgaben sind oft Auslöser von Teamproblemen)
  - Überprüfung und Thematisierung von Zielsetzungen (v. a. bei schwinden-
    der Identifikation mit Zielen des Teams und der Organisation)
  - Definition, Planung und Überprüfung der Arbeitsabläufe, Strukturen und
    der Arbeitsteilung (im Team und nach außen)
  - Neuverhandeln von Aufgaben, Rollen und Kompetenzen der Teammitglieder

---

[1]In der Literatur gibt es viele verschiedene Definitionen von Teamentwicklung (Schiersmann
und Thiel 2014, S. 252). Wir wählen für unser Anliegen einen praktisch orientierten Ansatz.

- **Fachebene:** Notwendiges fachliches Know-how für die Leistungserbringung
  - Überprüfung und Reflexion der Leistungsfähigkeit der Teammitglieder
  - Vermittlung von fachlichem (Neu-)Wissen und Können
- **Methodische Ebene:** Arbeitsansatz und Vorgehensweisen
  - Überprüfung und Reflexion der Arbeitsansätze und Vorgehensweisen sowie der Problemlösungs- und Entscheidungsprozesse innerhalb des Teams
  - Überprüfung und Reflexion der strategischen und konzeptionellen Fähigkeiten im Team (bezüglich Innovationen, Projekten)
  - Vermittlung von fehlendem methodischem Wissen
- **Beziehungsebene:** Zusammenarbeit und Teamatmosphäre
  - Thematisierung von Kommunikationsformen, Normen, Rollenverteilung und Spielregeln im Team
  - Thematisierung von Wertvorstellungen und gegenseitigen Erwartungen bezüglich Zusammenarbeit und Atmosphäre
  - Thematisierung von Konflikten und formellen/informellen Machtverhältnissen
  - Vermittlung von sozialen Kompetenzen

4.3   Methoden der Teamentwicklung

Für die vielfältigen Auslöser von Teamentwicklung gibt es ein breites Repertoire an Methoden, die nicht nur professionelle Berater und Teamentwickler anwenden können. Führungskräfte müssen bei einigen der Methoden über Moderations- und Coachingkompetenzen verfügen oder außenstehende Fachleute (externe Berater oder interne Fachleute aus dem HR-Bereich) zur Unterstützung und Implementierung einer Methode hinzuziehen. Dabei gilt: Je unsicherer sich die Führungskraft fühlt und je konflikthafter das zu bearbeitende Handlungsfeld ist, umso eher ist eine außenstehende Unterstützung sinnvoll. Das bedeutet jedoch nicht, dass die Lösung in der Delegation an einen professionellen Berater liegt. Vielmehr möchten wir Führungskräfte ermutigen, die Teamentwicklung selber in die Hand zu nehmen und sich dabei von einem außenstehenden Coach begleiten lassen. Die Verantwortung für die Teamentwicklung hat immer der Teamleitende! Er wird die Erfahrung machen, dass Teamentwicklung nachhaltiger ist, wenn sie von den Mitarbeitenden als selbstverständliche und alltägliche Führungsaufgabe erlebt wird.

Zum Methodenrepertoire der Teamentwicklung gehören:

- Standortbestimmungen
- Feedbackrunden
- Blitzlichter über aktuelle Situation und Befindlichkeiten

- Moderierte gemeinsame Problemlösungen
- Problemlösegruppen
- Erfahrungsgruppen
- Intervisionsgruppen
- Coaching und Supervision des Teams
- Weiterbildungsmaßnahmen im Team
- Durchführung von Workshops
- Teamseminare, Teamretraiten, Outdoor-Events

Extern stattfindende Team-Seminare und Retraiten sind oft sinnvoll für die Team-entwicklung. Wir sind jedoch überzeugt, dass nachhaltige Teamentwicklung hauptsächlich im Kontext der realen Arbeitssituation stattfindet und ohne großen Aufwand betrieben werden kann. Wir setzen v. a. Fragezeichen hinter teure Teame-vents, die auf der ‚grünen Wiese' mit Spielen, Mutproben und Outdoor-Aktivitäten stattfinden. Spaß kann man auch im Arbeitskontext haben! Deshalb sind auch ein-fachste Maßnahmen nicht zu unterschätzen, welche Teammitglieder miteinander ins Gespräch oder einfach zusammenbringen wie

- Face-to-Face-Kick-off bei neuer Teamzusammensetzung (z. B. Projektteams),
- Ausflüge und gemeinsame Feiern,
- Gemeinsames Grillen, Feierabendbier etc.

4.4   Von der Teamentwicklung zur Teamidentität

Die Entwicklung einer Teamidentität hat immer mit Teamentwicklung zu tun, doch Teamentwicklung hat nicht immer mit der Entwicklung einer Teamidentität zu tun. Das ist nicht widersprüchlich, denn *Teamidentität geht über die Anliegen der Teamentwicklung hinaus.*

Teamentwicklung geschieht immer dann, wenn ein Arbeitsteam gemeinsam an seinen Problemen, Zielen und kommenden Herausforderungen arbeitet. Damit aber ist noch nicht gewährleistet, dass sich auch eine Teamidentität entwickelt. Maßnahmen der Teamentwicklung schaffen dafür gute Grundlagen und können Bausteine für die Teamidentität sein, indem z. B. gemeinsame Zielsetzungen, allgemein verbindliches Handeln, für alle gültige Regeln der Zusammenarbeit thematisiert und erarbeitet werden. Dies gibt Sicherheit im Arbeitsalltag: Die Mit-arbeitenden wissen, worum es geht und was wichtig ist.

Eine eigentliche *Teamidentität* ist jedoch erst dann entstanden, wenn solches Wissen über Gemeinsamkeiten in einer tiefer liegenden Schicht begründet ist als in Problemsituationen der vier Handlungsfelder für Teamentwicklung (Abschn. 4.2). Teamidentität entsteht und prägt das Verhalten im Team und das Teamverhalten erst dann nachhaltig, *wenn Wissen auch emotional verankert* ist und damit zum *Erfahrungswissen des einzelnen Teammitglieds* wird. Diese emotionale Verankerung wird nicht durch emotionalisierende Teamevents geleistet, die allenfalls ein kurzfristiges ,Wir-Gefühl' entstehen lassen. Teamidentität bildet und festigt sich v. a. in der Auseinandersetzung mit *tiefer gehenden Fragenstellungen der Teamarbeit* (vgl. Abschn. 2.5).

Um solche Fragestellungen der Teamarbeit geht es im nächsten Kapitel. Wir sind überzeugt, dass Teamidentität auch direkter und nachhaltiger gestaltet werden kann als über herkömmliche Ansätze der Teamentwicklung. Dies geschieht, wenn Führungskräfte mit ihren Mitarbeitenden Leitgedanken entwickeln.

Wege und Mittel zum Aufbau der Teamidentität 5

5.1 Entwicklung von Leitgedanken als zentrale Führungsaufgabe

Leitgedanken in der Führung helfen, das tägliche Handeln an gemeinsamen Vorstellungen auszurichten.[1] Sie unterstützen Mitarbeitende weniger durch klare Handlungsanweisungen (wie z. B. aufgrund von Teamentwicklungs-Maßnahmen) als vielmehr durch *grundlegende Orientierungen,* denn sie beantworten Kernfragen nach dem *Sinn und Wert* der eigenen Arbeitsleistung: Was? Warum? Wie?

Drei Wege können bei der Entwicklung solcher Leitgedanken für ein Team eingeschlagen werden:[2]

1. Die **Vision** gibt Antwort auf die Frage: **Was** wollen wir? Sie ist ein möglichst konkret formuliertes **Bild der Zukunft,** die wir erschaffen wollen.
2. Die **Mission** beantwortet die Frage: **Warum** gibt es uns? Sie beschreibt den allgemeinen **Zweck** (Hauptaufgabe) des Teams und deren Nutzen für die Zielgruppen.[3]
3. Die **Wertvorstellungen** beantworten die Frage: **Wie** stellen wir uns die Reise in die Zukunft vor? Sie bestimmen im Alltag, wie in Übereinstimmung mit der Mission die Vision verwirklicht werden soll.

---

[1]Auch die Entwicklung von Leitbildern hat mit unserem Thema der Leitgedanken zu tun. Wir gehen hier nicht darauf ein, da es sich um eine aufwendige Methode der Organisationsentwicklung handelt, die auf Teamebene keine Rolle spielt. Leitbilder sind häufig ein Kommunikationsmittel für die Erarbeitung eigener Leitgedanken.

[2]Diese Unterscheidung folgt Senge (2017, S. 243 ff.).

[3]Im soziotechnischen Erklärungsmodell für Organisationen entspricht die Mission der ,Primary Task' (s. Steiger et al. 2018, Bd. I).

© Springer Fachmedien Wiesbaden GmbH, ein Teil von Springer Nature 2019
U. Alter, *Teamidentität, Teamentwicklung und Führung,* essentials,
https://doi.org/10.1007/978-3-658-22640-4_5

Abb. 5.1   Vision, Mission und Wertvorstellungen als Leitstern fürs Handeln

Hinter all diesen Leitgedanken steht die Frage:

> ➢   **An was glauben wir?**

Die Beantwortung dieser Frage veranschaulicht den Kern des ,Wesens' eines Teams (Abschn. 2.5) und trägt damit entscheidend zur Teamidentität bei. Gleichzeitig ist die Antwort darauf ein Prüfstein, inwieweit der einzelne Mitarbeitende mit seiner eigenen Identität zur Teamidentität passt.

Vision, Mission und Wertvorstellungen können voneinander unterschieden werden,[4] doch in ihrer Bedeutung für das alltägliche Handeln spielt dies keine Rolle. Alle drei Arten von Leitgedanken zielen auf das Gemeinsame der Leistungserbringung und haben für die Mitarbeitenden eines Teams die Bedeutung eines Leitsterns, an dem sie ihr Handeln grundsätzlich orientieren können (Abb. 5.1). Diese Gleichartigkeit der Bedeutung ist wichtig, weil sie einer Führungskraft ermöglicht, *verschiedene Wege* zu gehen, um Identität in einem Team zu schaffen. *Wertvorstellungen*

---

[4]In der Literatur über strategisches Management wird nicht immer zwischen Mission und Vision unterschieden (Lombriser und Abplanalp 2005, S. 49).

nehmen in diesem Kontext jedoch eine *besondere Stellung* ein: Sie grenzen die Möglichkeiten für die Vision und die Mission ein und definieren damit, wie der Alltag eines Teams aussehen soll, d. h., sie sind *unmittelbar handlungsrelevant.* Eine Führungskraft muss die Fragen nach Sinn und Zweck der gemeinsamen Leistungserbringung auf jener Ebene bearbeiten, die ihr selber am meisten behagt. Nicht allen liegt die eher intuitive, rechts-hemisphärisch gesteuerte Entwicklung von Visionen, die in einem einprägsamen Bild bzw. einem einprägsamen Satz gefasst werden. Vielen erschließt sich die Sinnebene klarer, wenn sie links-hemisphärisch analytisch und rational eine Mission formulieren können oder sich ganz pragmatisch mit alltäglich relevanten Wertvorstellungen auseinandersetzen. Wenn man Identität in einem Team gestalten will, ist es *unwichtig, mit welchen Leitgedanken man beginnt.* Es müssen auch nicht alle drei Aspekte bearbeitet werden. Man kann davon ausgehen, dass man identitätsstiftend im Team arbeitet, wenn man die Vision oder Wertvorstellungen oder den Zweck (Mission) zu einem gemeinsamen Thema macht, denn

- **Leitgedanken haben einen unmittelbaren Nutzen für Team und Einzelne:**
  - Sie schaffen Identität in der Gruppe, weil verschiedene Menschen das Gleiche teilen und die gleichen Ziele haben.
  - Sie schaffen eine Umgebung, in der das Gesamtinteresse gegenüber dem Eigeninteresse immer spürbar vorhanden ist.
  - Die Arbeit wird dadurch Teil eines höheren Zwecks: Es gibt ein Grundbedürfnis, gemeinsam zu etwas Wichtigem beizutragen.
  - Sie erleichtern Orientierung im gemeinsamen Ausrichten des alltäglichen Handelns.
  - Sie ermöglichen selbstverantwortliches Handeln, weil sie emotionale und rationale Sicherheit geben.

5.2   Was ist eine Vision?[5]

In der Literatur über strategisches Management und lernende Organisationen hat sich die Überzeugung durchgesetzt, dass Visionen die stärkste motivierende Kraft für die Bewältigung der Zukunft haben. Wenn man mit einer Vision eine gemeinsame Teamidentität schaffen will, muss man sich vergegenwärtigen, was denn das Besondere an echten (eigentlichen) Visionen ist.

---

[5]Die Überlegungen in diesem Kapitel gehen von Peter Senge (2017, S. 225 ff.) aus.

Vielleicht erinnern Sie sich an den Film ‚Spartakus' von Stanley Kubrik aus dem Jahr 1960. Dieser Film zeigt beispielhaft, was denn eine Vision ist und was sie mit Menschen macht. Die Geschichte erzählt den Aufstand der römischen Sklaven bzw. Gladiatoren im Jahr 71 vor Christus. Zweimal besiegten die aufständischen Sklaven unter der Führung von Spartakus die römischen Legionen, bis sie schließlich geschlagen wurden. Die römischen Sieger wollten Gnade walten lassen und den Sklaven die Kreuzigung ersparen, wenn sie Spartakus, dessen Gesicht nicht erkannt wurde, auslieferten. Da stand Spartakus (gespielt von Kirk Douglas) auf und sagte: „Ich bin Spartakus". Dann stand der Mann neben ihm auf und sagte: „Ich bin Spartakus", der nächste Mann erhob sich mit den gleichen Worten und innerhalb weniger Minuten war das ganze Sklavenheer auf den Beinen. Jeder Mann, der aufstand, wählte also den Tod. Aber die Loyalität der Sklaven galt nicht ihrem Anführer Spartakus, sondern einer gemeinsamen Vision, die Spartakus vertrat: die Vorstellung, dass sie frei sein können. Diese Vision war so stark, dass niemand davon lassen konnte und in die Sklaverei zurückkehren wollte. Diese Geschichte zeigt auch, dass eine gemeinsame Vision nicht einfach eine Idee ist. Zu einer eigentlichen Vision gehören deshalb folgende Aspekte:

1. **Eine Vision ist ein Bild der erhofften Zukunft**
   Visionen beginnen damit, dass wir uns vorstellen, im Leben das zu erreichen, was wir uns schon immer aus tiefstem Herzen gewünscht haben.
2. **Eine Vision ist eine Kraft im Herzen**
   Eine Vision ist viel mehr als eine Idee im Kopf. Wenn sie machtvoll etwas bewirken soll, muss spürbar sein, dass sie glaubwürdig im Herzen verankert ist.
3. **Eine Vision entwickelt ihre Kraft erst, wenn sie mit anderen geteilt wird**
   Menschen haben ein Bedürfnis nach gemeinsamen Visionen, weil es zum Menschsein gehört, gemeinsam an etwas zu arbeiten. Ein solch wichtiges gemeinsames Ziel bündelt die Energie von vielen ganz unterschiedlichen Menschen.
4. **Gemeinsame Visionen verleihen Menschen Mut und Kreativität und setzen ungeahnte Kräfte frei**
   Durch die Vision wird die Arbeit Teil eines höheren Zwecks, für den man bereit ist, Neues zu wagen und Risiken einzugehen. Man ist dabei nicht allein.
5. **Visionen haben nur Kraft, wenn sie auch im Alltag gelebt werden**
   Visionen im Alltag leben bedeutet, dass wir unser Verhalten glaubwürdig danach ausrichten.

➤   **Mit einer kraftvollen Vision wird Identität in einer Gruppe geschaffen, weil verschiedene Menschen die gleichen Vorstellungen der Zukunft teilen.**

Viele Errungenschaften im Leben, viele erfolgreiche Organisationen (Unternehmen), viele Lösungen in schwierigen Situationen sind durch eine gemeinsame Vision möglich geworden. Beispiele dafür sind:

* Frieden ist der Weg (Gandhis Leitgedanke beim gewaltfreien Widerstand)
* I have a dream ... (Martin Luther Kings Leitgedanke für die Bürgerrechtsbewegung)
* Jedermann besitzt ein Auto, nicht nur Millionäre (Fords Leitgedanke für die Fließbandproduktion von Automobilen)
* Wir setzen unsere Fantasie ein, um Millionen von Menschen glücklich zu machen (Walt Disneys Leitgedanke beim Aufbau seiner Unterhaltungsindustrie)
* Wir erzielen Gewinne für eine lebenswerte Zukunft (ein Leitgedanke der erfolgreichen Alternativen Bank Schweiz)

Stellen Sie sich einmal die Frage: *„Arbeite ich in einem Unternehmen, das eine Vision hat?"* Sie werden sofort merken, ob ein wirklich kraftvoller Leitgedanke vorhanden ist oder ob es nur ein schöner einprägsamer Satz aus einem Leitbild ist. Unternehmen mit einer positiven kraftvollen Vision binden die Mitarbeitenden stärker an sich, weil die Vision eine Quelle des dauerhaften Lernens und des Wachstums ist. Negative Visionen (z. B. Konkurrenten schlagen) können zwar auch außergewöhnliche Veränderungen hervorrufen, die aber in der Regel kurzfristig und nicht nachhaltig sind und die Mitarbeitenden wenig binden.

5.3   Was ist eine Teamvision?

Teamvisionen sind zunächst einmal prägnant formulierte Bilder und Sätze wie in den obigen Beispielen für Visionen. Sie halten einen zukünftig erwünschten Zustand des Teams fest und zeigen, wohin die Reise miteinander geht:

* Wir machen die Technik menschentauglich (Entwicklungsteam von Apple)
* Wir versetzen Patienten in die Lage, ihre Persönlichkeit zu entfalten und erfolgreich zu funktionieren (Leitungsteam einer psychiatrischen Einrichtung)
* Wertschätzung und Zusammenarbeit stehen in unserem Team an erster Stelle (Team in der Sozialhilfe)

Teamvisionen sollten einen zukunftsweisenden Rahmen für das Team schaffen und nicht Inhalte vorgeben, die nur ‚Mittel zum Zweck' sind (z. B. „Wir sparen Kosten", da ist keine zukünftige Perspektive enthalten) oder die einfach die Nummer 1 auf dem Markt beinhalten (z. B. „Wir sind das führende Kompetenzzentrum für Tourismus und Mobilität", das kann eines Tages tatsächlich erreicht und somit abgehakt werden).

Die Herausforderung dabei ist: *Wie kommen wir zu prägnanten Formulierungen, die kraftvoll wirken können und identitätsstiftend für ein Team sind?* Wir haben zu Beginn dieses Kapitels die Meinung vertreten, dass eine Führungskraft verschiedene Wege wählen kann, um Identität im Team zu schaffen. Dabei ist unwichtig, ob sich diese Identität durch eine Vision, eine Mission oder durch Wertvorstellungen bildet. Wichtig ist nur, dass solche Leitgedanken im ‚Herzen' der Mitarbeitenden verankert sind und gelebt werden. Ein charismatischer Teamleader mit einer überzeugenden kraftvollen Vision kann dies leisten. Doch wir gehen davon aus, dass wir nicht auf charismatische Teamleader warten können, um Identität im Team zu schaffen. *Jede Führungskraft kann in ihrem Team Leitgedanken kraftvoll verankern,* wenn ganz bestimmte Vorgehensweisen gewählt und gefährliche Klippen umschifft werden. Der Führungskraft muss dabei klar sein, dass *Identität nur durch einen gemeinsamen Prozess entstehen kann.* Wenn dies gelingt, hat die Führungskraft eine Teamvision geschaffen.

> **Eine Teamvision ist dann vorhanden, wenn Leitgedanken (Vision, Mission, Wertvorstellungen) bei den Mitarbeitenden so verankert sind, dass sie das Verhalten im Team und das Teamverhalten prägen und eine gemeinsame Zukunftsorientierung geteilt wird.**

In den folgenden Kapiteln werden Wege und Mittel aufgezeigt, wie solche Teamvisionen entwickelt werden können und Teamidentität schaffen.

5.4   Wege zum Aufbau einer Teamvision mit Leitgedanken

5.4.1   Ansatzmöglichkeiten

Führungskräfte haben verschiedene Möglichkeiten, um mit Leitgedanken eine Teamvision zu entwickeln und Teamidentität zu erzeugen: Sie können bei alltäglichen Arbeitsproblemen beginnen oder direkt in die Zukunft schauen, sie können bei sich selber beginnen oder sich mit dem eigenen Unternehmen bzw. dem Team beschäftigen, sie können die Gegenwart analysieren oder über die Zukunft fantasieren – wichtig ist, dass man bereit ist, sich mit *grundsätzlichen statt alltäglichen operativen Fragen* auseinanderzusetzen, dass man *offen ist für die Ansichten der Mitarbeitende*n und dass man sich bemüht, die Arbeit des Teams aus einer *Helikopterperspektive* zu betrachten. Wir nennen hier einige allgemeine Ansatzpunkte und geben im Anschluss daran konkrete Hinweise und Beispiele zu möglichen Vorgehensweisen und Ergebnissen.

- Nutzen Sie **Probleme der Gegenwart,** um grundsätzliche Fragen der Zusammenarbeit und der Aufgabe ihres Teams zu klären (z. B. Fragen des Wie).
- Nutzen Sie die **guten Erfahrungen der Vergangenheit,** um die Zukunft des Teams zu gestalten.
- Stellen Sie sich und dem Team einfache Fragen wie: **Was** ist mir **wichtig** in unserer Teamarbeit? **Wofür** Rahmen einer Teamvision in einem Leitungsteam für Altersheime **engagieren**? **Warum** braucht es uns?
- Stellen Sie sich vor, es sind **Jahre vergangen** und Sie hätten **das Team** geschaffen, **das Sie schon immer haben wollten.** Beschreiben Sie dieses Team: Was macht es? Warum macht es das? Wie macht es das?
- Entwickeln Sie eine **persönliche Vision von Ihrem Leben** und ermutigen Sie die Mitarbeitenden, persönliche Visionen zu haben.
- Setzen Sie sich damit auseinander, **wie Ihre persönliche Vision zur Vision Ihres Unternehmens passt.**

Die Entwicklung von Leitgedanken zum Aufbau einer Teamvision hat immer mit *grundsätzlichen Fragen* zu tun. Solche Fragen stellt man sich am besten im Hinblick auf die Zukunft, denn dann denkt man kreativer über den eigenen Rand hinaus. So kann man sich z. B. überlegen: *„Es sind fünf Jahre vergangen und ich hätte das Team, das ich schon immer führen wollte. Wie würde ich dann folgende Fragen beantworten?"*:

- Wer sind unsere wichtigsten Kundinnen und Kunden (interne und externe)?
- Wie arbeiten wir mit ihnen zusammen?
- Inwiefern schaffen wir einen Wert für sie?
- Welches Image haben wir?
- Worin besteht unser einzigartiger Beitrag zu der Welt, in der wir leben?
- Welche Wirkung hat unsere Arbeit?
- Wie verdienen wir unser Geld?
- Wofür werden wir gebraucht?
- Wie sieht unsere Teamorganisation aus?

- In welcher Hinsicht ist unser Team ein attraktiver Arbeitsort?
- Welche Wertvorstellungen haben wir?
- Wie gehen wir miteinander um?

Sie können sich diese Fragen allein stellen oder Sie können sie dem Team stellen. Es spielt dabei keine Rolle, mit welcher Frage Sie beginnen.[6] Auch müssen nicht alle Fragen beantwortet werden. Sie werden erleben, dass ein Prozess des gegenseitigen Zuhörens und miteinander Entwickelns ausgelöst wird, der den Rahmen einer Teamvision absteckt, die eine eigentliche Vision, Wertvorstellungen oder eine Mission zum Inhalt haben kann. Dieser Prozess ist für die Teamidentität entscheidend, weil die Entwicklung miteinander gemacht wird und so die Aspekte der Vision gemeinsam verankert werden. Der Prozess gelingt jedoch nur, wenn er von der Führungskraft moderiert und nicht dominiert wird. Dabei sind insbesondere Visualisierungen des Diskutierten wichtig.

5.4.2 Beispiel 1: Den Rahmen für eine hilfreiche Teamvision abstecken

Die Geschäftsleitung für Alterseinrichtungen einer größeren Stadt beschäftigte sich mit der Umsetzung der Strategie, welche in der Departementsleitung entwickelt und formuliert wurde. Die dafür verantwortliche Person in der Departementsleitung war als Gesamtleiter Altersheime gleichzeitig Vorgesetzter dieser Geschäftsleitung (Leitungsteam mit 7 Personen). Auf dem Papier war alles klar geregelt: Die Geschäftsleitung dient dem Gesamtleiter als Instrument zur Wahrnehmung seiner strategischen Führungsverantwortung innerhalb des Departements und unterstützt ihn. Nur stellte sich heraus: Für die Mitglieder der Geschäftsleitung war die verabschiedete Strategie ein nicht ganz ernstzunehmender Papiertiger, der Gesamtleiter vermisste ein Commitment dazu. Da half auch wenig, dass die strategische Ausrichtung von der Stadtregierung verabschiedet worden war. Was ist nun zu tun, damit diese Strategie mit Überzeugung auch umgesetzt wird? Die Geschäftsleitung holte einen externen Berater zur Moderation einer Klausur mit dieser Fragestellung. Dieser schlug vor, eine gemeinsame Teamvision im Leitungsteam zu entwickeln und dann zu überprüfen, inwieweit diese Teamvision mit den vorgegebenen strategischen Aussagen übereinstimmt. Dahinter stand die Erfahrung, dass Leitgedanken (Vision,

---

[6]Senge et al. (2008, S. 343 ff.) geben in ihrem Praxisbuch viele Anregungen zum Arbeiten mit solch grundsätzlichen Fragen beim Entwickeln einer Vision.

Wertvorstellungen, Mission) in Strategien oft implizit, aber nicht explizit vorhanden sind. Mit folgenden Schritten wurde die Grundlage für die Auseinandersetzung mit der Strategie geschaffen:

Schritt 1: Die Mitglieder des Leitungsteams erhielten als Einladung zur Klausur die Zielsetzungen und ein Blatt mit 10 Vorbereitungsfragen, die etwas umformuliert dem Set der grundsätzlichen Fragen (Abschn. 5.4.1) entnommen wurden. Die Vorbereitungsfragen sollten stichwortartig beantwortet werden.

Schritt 2: Zu Beginn des Workshops mussten sich die Teilnehmenden auf die Bearbeitung der 3 bis 4 wichtigen Fragestellungen der 10 vorbereiteten einigen. Dabei wurde ein Punkteverfahren zur Bewertung eingesetzt. Rasch war klar, dass über folgende Fragen miteinander diskutiert werden sollte:

„Wenn wir an einen Zeithorizont von fünf Jahren denken:

1. Inwiefern schaffen wir dann einen Wert für unsere Kunden?
2. Was sind dann unsere Wertvorstellungen bei der Arbeit?
3. Welchen Wert haben wir für unsere Stadt?".

Zu diesen Fragen äußerte sich jeder einzeln, bevor man in die Diskussion eintrat und dabei das Gesagte jeweils in einem prägnanten Wort festhielt. Nach einer halbtägigen Diskussion hatte die Gruppe mit Stichworten einen Rahmen für ihre Team-Vision abgesteckt (Tab. 5.1).

Man hätte nun Zeit verlieren können damit, eine eigentliche Teamvision oder eine prägnante Mission zu formulieren (Frage 1 und 3 beinhalten den Zweck der Organisation). Doch die Stichworte gaben den Teilnehmenden genügend Orientierung für die Weiterarbeit, d. h., die Gruppe hatte durch das Erarbeiten dieser Leitgedanken ihren Zweck beschrieben und wie dieser verwirklicht werden soll. Dadurch schuf sie eine gemeinsame Identität. Als Nächstes setzte sich die Gruppe mit dem Wert ‚Leistungsorientierung' auseinander und reflektierte ihre Sichtweisen und Meinungen dazu in den vorgegebenen strategischen Zielen. Dies führte schließlich zu klaren Vorstellungen darüber, mit welcher anderen Dienstleistungsabteilung der Stadtverwaltung die Zusammenarbeit neu gestaltet werden musste, wenn die strategischen Ziele erfolgreich umgesetzt werden sollten.

Ein ähnliches Vorgehen kann eine Führungskraft auch ohne externen Moderator anwenden, wenn sie feststellt, dass wenig Verständnis für die Umsetzung strategischer unternehmerischer Zielsetzungen auf Teamebene vorhanden ist. Den Rahmen für eine Teamvision abstecken mit solch grundsätzlichen Fragen hilft

Tab. 5.1 Rahmen einer Teamvision in einem Leitungsteam für Altersheime

Inwiefern schaffen wir einen Wert für unsere Kunden?	Welche Wertvorstellungen haben wir?	Inwiefern schaffen wir einen Wert für unsere Stadt?
Lebensqualität durch Unterstützung	Respekt	Arbeits- und Ausbildungsplätze
Geborgenheit	Würde	Lösung für Lebensrisiko
Sicherheit	Wertschätzung	Wirtschaftsfaktor
Lebenssinn	Empathie	Sinnstiftung
Selbstbestimmung	Vertrauen	Entlastung Angehöriger
Partizipation am gesellschaftlichen Leben	Chancen geben	Begegnungsort
	Leistungsorientierung	Integration
	Verantwortung	Sicherung Generationen- vertrag

weiter als Wehklagen. Das Team erkennt dabei, was es umsetzen soll und will und wo es dazu Unterstützung braucht. Wenn dieser erarbeitete Teamvisions-Rahmen im Widerspruch zur Strategie steht, wird klar, dass sich im Team etwas verändern muss oder dass die Vorgaben zu wenig durchdacht sind.

5.4.3 Beispiel 2: Von aktuellen Problemen zu Wertvorstellungen der Zusammenarbeit

Es brodelte an allen Ecken und Enden einer neu strukturierten Hochschule. Zwar war ein Führungshandbuch ausgearbeitet worden: Mission, Grundwerte, Strategie, Geschäftsordnung etc. waren ausformuliert. Doch die Mitglieder des Leitungsgremiums fragten sich, wie denn der „Karren wirklich zum Laufen gebracht wird". Ein hinzugezogener externer Teamcoach führte mit jedem Leitungsmitglied ein Einzelgespräch über dessen Sichtweise zum Zustand des Leitungsgremiums und zu dringenden gemeinsamen Arbeitsfeldern. Die Ergebnisse dieser Gespräche wurden dem Leitungsgremium zurückgespiegelt mit einem Vorschlag zur Weiterarbeit. Kern dieses Vorschlags war, dass die Hochschulleitung sich zuerst mit ihrem Selbstverständnis als Hochschulleitung beschäftigen sollte, um so überhaupt arbeitsfähig zu werden für die Lösung aktueller Probleme. In einem darauffolgenden Workshop war der erste Tag ganz dem Thema dieses Selbstverständnisses und der Zusammenarbeit im Leitungsgremium gewidmet.

Schritt 1: Jedes Leitungsmitglied berichtete darüber, was ihm in seinem Departement und was ihm als Mitglied der Hochschulleitung wichtig war. Dabei wurden folgende vorbereiteten Fragen gestellt:

1. Ausgehend von den bisherigen Erfahrungen in der Hochschulleitung: Was habe ich bis jetzt positiv erlebt? Womit tat ich mich eher schwer?
2. Wo sehe ich die Kernaufgaben dieser Hochschulleitung? Nennen Sie beispielhaft die wichtigsten 2 bis 3 Aufgaben, welche die HSL als Gremium in den nächsten Monaten bewältigen muss.
3. Was will ich in diese Hochschulleitung einbringen?
4. Welche Erwartungen habe ich in diesem Gremium an die Kollegen?
5. Was müssen die Kollegen machen, wenn sie mich draußen haben wollen?
6. Welche Erwartungen habe ich an den Rektor?
7. Angenommen, wir wären als Hochschulleitung ein Supergremium, wo es Freude macht mitzuarbeiten: Was wäre dann anders? Was würde mir das nützen?
8. Wohin hätte ich Lust, mit den Mitgliedern dieses Gremiums zu gehen? Was möchte ich mit ihnen zusammen verwirklichen?

Die Wertvorstellungen der Zusammenarbeit wurden damit aus verschiedensten Perspektiven beantwortet. Im Vordergrund stand das gegenseitige Zuhören, das klärende Fragen und das Einander-verstehen-Wollen.

Schritt 2: Im Anschluss daran setzte man sich in Kleingruppen zusammen und formulierte aufgrund des Gehörten max. 3 bis 4 Zielsetzungen für die gemeinsame Zusammenarbeit. Diese Zielsetzungen wurden an die anderen Gruppen weitergegeben, die dann ihrerseits 1 bis 2 Zielsetzungen akzeptieren bzw. umformulieren mussten und 1 bis 2 Zielsetzungen streichen durfte.

Schritt 3: Nach diesem Klärungsprozess verblieben 7 Zielformulierungen, die in einer gemeinsamen Lesung neu formuliert wurden. Am Ende des Tages waren gemeinsame Wertvorstellungen zur Zusammenarbeit formuliert, zu denen jeder Teilnehmende mit seiner Unterschrift sein Commitment gab (Tab. 5.2). In der Weiterarbeit an konkreten Sachproblemen zeigte sich, dass damit ein hilfreicher Boden geschaffen wurde. Das Gremium hatte ein eigenes Selbstverständnis bzw. eine Teamidentität gefunden.

Ein ähnliches Vorgehen kann auch eine Führungskraft mit ihrem Team durchlaufen, wenn kein gemeinsamer Boden vorhanden ist. Dazu bedarf es keiner externen Begleitung, sondern die Fähigkeit, eine Gruppe zu moderieren. Statt

Tab. 5.2 Werte der Zusammenarbeit in einem Hochschulleitungsgremium

Was ist uns wichtig in der Zusammenarbeit?

1. Wir setzen uns mit dem Inhalt von Geschäften auseinander und verstehen, worüber wir reden

2. Wir wollen darauf vertrauen können, dass Entscheidungen/Vereinbarungen umgesetzt werden

3. Wir schätzen Konsequenzen für die Hochschule und die Departments ab und wägen ab zwischen Teil- und Gesamtinteresse

4. Wir hören einander zu und nehmen Sichtweisen der einzelnen Departments ernst

5. Wir schätzen die Vielfalt in der Einheit

6. Wir gehen wertschätzend miteinander um und schützen das Gremium und seine Mitglieder

7. Wir machen uns gegenseitig darauf aufmerksam, wenn wir uns nicht an diese Grundsätze halten

die Gegenwartsproblematik lange zu analysieren, stellt die Führungskraft offene anregende Fragen zur Zusammenarbeit unter Einbezug der Zukunft. Lässt sich ein Team auf diesen Prozess ein, hat es in Kürze eine Teamvision geschaffen, die gemeinsame Werte der Zusammenarbeit zum Inhalt hat und so Teamidentität erzeugt.

5.4.4 Beispiel 3: Rückwärts in eine Vision als Start im Projektteam

Eine Vision in einem Team entwickeln muss nicht aufwendig sein. Senge et al. (2008, S. 343 ff.) geben viele Ideen zum Vorgehen. Eine davon hat sich besonders bewährt beim Start einer Projektgruppe oder eines Veränderungsprojekts in einem bestehenden Team. In einer Stunde ist es möglich, gemeinsame Wertvorstellungen zu entwickeln, die ein Commitment im Team schaffen können. Eine von Senge vorgeschlagenen Vorgehensweise wird hier in etwas abgeänderter und mehrfach erfolgreich durchgeführter Form vorgestellt. Sie besteht aus vier Schritten, die mit Fragen eingeleitet werden.

1. Bestimmen Sie eine/n Schreiber/in, und jemanden, der auf die Zeit achtet. Alle Anwesenden gehen dann der Reihe nach folgende zwei Fragen durch:
   – Waren Sie je Teil eines wirklich großartigen Teams?

Denken Sie an Ihre Erfahrung zurück und schildern Sie dieses Team der Gruppe. Es ist Ihnen überlassen, wie Sie ein ‚wirklich großartiges Team' definieren.

– Was war das Besondere an diesem Team?
Sprechen Sie darüber, was Sie bei diesem Team als das Besondere empfunden haben. Nennen Sie *Details* und *Konkretes,* das für Sie das Besondere ausmachte.
Die Zuhörenden diskutieren dies nicht, sondern fragen gegebenenfalls nach, wenn sie etwas nicht verstehen.
Der/die Schreiber/in hält alle bedeutsamen Kommentare auf Flipblättern fest. Die beschriebenen Blätter werden nebeneinander an die Wand geheftet. Der/die Schreiber/in kann sich auch selber einbringen.
Diskutieren Sie dann in der Gruppe folgende Fragen:

2. Wie können wir als Projektgruppe, die eine gemeinsame Arbeit vor sich hat, diese Art von Erfahrungen miteinander wecken?
Fragen Sie einander: Was können wir tun, erreichen, gestalten, gemeinsam erschaffen, um genau diese Gefühle, Merkmale, die wir mit den wirklich großartigen Teams verbinden, wieder zum Leben zu erwecken?
Gehen Sie diese Fragen brainstormartig an. Die Ideen werden auf Flip festgehalten.

3. Wofür würden wir uns engagieren?
Sprechen Sie miteinander, welche der aufgelisteten Ideen in Ihrer Gruppe gemeinsam verwirklicht werden sollten. Vielleicht müssen Sie die Ideen noch umschreiben, anders formulieren.
Einigen Sie sich auf ein paar wenige Ideen und halten Sie diese fest.

4. Was machen wir nun damit?
Wenn Sie sich auf einige Ideen/wichtige Aussagen für Ihre Gruppe geeinigt haben, fragen Sie sich noch: Wie können wir verbindlich machen, dass wir uns dafür engagieren? Wie können wir sicherstellen, dass wir daran denken?

Durch dieses Vorgehen schaffen Sie mit dem Team in kurzer Zeit einen gemeinsamen Rahmen für die Zusammenarbeit. In der Regel einigt man sich auf 4 bis 5 verbindliche Wertvorstellungen in der gemeinsamen Arbeit (Stichworte und nicht ausformulierte Sätze) und legt gleichzeitig fest, wie die Einhaltung überprüft werden soll. Natürlich hätte der Teamleiter diese Wertvorstellungen selber vorgeben können, doch erst der Prozess der gemeinsamen Erarbeitung hat ein Commitment zu dieser Art Teamidentität ermöglicht.

5.4.5   Von der persönlichen Vision zur Teamvision

Es kommt in Führungsseminaren oft vor, dass mit Führungskräften persönliche Visionen entwickelt werden, weil man aus den Geschichten großer Visionäre weiß, wie wirkungsvoll umgesetzte persönliche Visionen sein können. Allerdings wird der Begriff der Vision in einem solchen Umfeld meist in seiner intellektuellen Bedeutung behandelt. So bringt man z. B. den Führungskräften bei, ihren Verstand zur Entwicklung verschiedener hypothetischer Szenarien zu gebrauchen. Ausgeklammert wird dabei, dass Visionen immer im Herzen verankert sein müssen (vgl. Abschn. 5.2). Eine persönliche Vision zu entwickeln, die diesem Anspruch gerecht wird, ist eine anforderungsreiche Aufgabe, weil man sich dabei gut kennen und grundehrlich mit sich umgehen sollte. Dies gelingt nur mit einer gut ausgebildeten emotionalen Intelligenz, denn man muss sich auf Gefühle, Intuitionen und Erkenntnisse, die aus dem Innersten kommen, verlassen können.

Die nachfolgend genannten Autoren geben praktische Hinweise, wie eine solchermaßen verankerte persönliche Vision zu entwickeln ist und wie diese persönliche Vision im Kontext des eigenen Teams oder des Unternehmens umgesetzt werden kann.

Peter Senge zeigt in seinem „Fieldbook zur fünften Disziplin" (2008, S. 233 ff.) verschiedene Wege dazu auf. Senge spricht mit seinen Vorschlägen v. a. Führungskräfte an, die intellektuell gefordert sein wollen. Er zwingt sie durch Fragen, in denen die Rationalität des Vorgehens zum Ausdruck kommt, sich mit den tieferen Schichten der eigenen Persönlichkeit zu beschäftigen. Dort sind die eigenen wichtigsten Werte und Motive zu finden. Senge vermeidet dabei Begriffe wie Herz, Gefühle, Intuition, wahres Selbst, Seele – Begriffe, die aus betriebswirtschaftlicher Sicht der Metaphysik zugeordnet werden. Er will die Führungskräfte dort abholen, wo sie sind, und führt sie dann in Bereiche ihrer Persönlichkeit, über die Führungskräfte sonst nicht sprechen – es sei denn in Verbindung mit rationalen Überlegungen zu ihren Aufgaben im Unternehmen. Wenn man eine persönliche Vision für die Gestaltung einer Teamidentität entwickeln will und dabei intellektuelle Knochenarbeit nicht scheut, dann öffnet Senge eine Fundgrube, die von ihrer Komplexität her allerdings auch überfordern kann.

Einen einfacheren Zugang zu einer persönlichen Vision als Grundlage für das Führen eines Teams finden Führungskräfte bei *Deepack Chopra* (2012). Chopra reiht nicht mögliche Vorgehensweisen aneinander, sondern nimmt den Leser auf eine Reise mit, die auf verständliche Art erfolgreiche Führung auf den Punkt bringt. Dabei muss der deutschsprachige Leser einige Hürden überwinden, die damit beginnen, dass das Buch „Mit dem Herzen führen" und im Untertitel

„Management und Spiritualität" heißt.[7] Doch Chopra ist kein Esoteriker. Er erklärt z. B., warum Seele für ihn im Management wichtig ist, wo man sie wahrnimmt und wie der Verstand dabei eingesetzt werden muss. Für ihn ist klar: „Das Geheimnis herausragenden Führens liegt im Kontakt mit der Seele. Wir sind alle fähig, dem Pfad zu folgen, der Körper, Verstand, Herz und Seele miteinander verbindet" (Chopra 2012, S. 24). Deshalb beginnt das Buch auch damit, anhand rationaler Fragen ein eigenes Seelenprofil zu zeichnen, dann mithilfe zu vervollständigender Sätze und ganz weniger Fragen eine persönliche Vision zu beschreiben und daraus einen *Leitsatz zu formulieren*. Entscheidend ist bei diesem Leitsatz, seinem ‚wahren Selbst' zuzuhören, weil darin der eigene Lebenszweck auf prägnante Art zum Ausdruck gebracht wird, und das ist nach Chopra für jeden, der mit Seele führen will, das erste Gebot. Solche Leitsätze sind sehr persönliche Aussagen, die nicht nur das Führen, sondern das ganze Leben prägen. Zu guter Letzt wird versucht, den Leitsatz in einem Wort zu konzentrieren. Bei einem Teamleiter einer großen Weiterbildungsabteilung eines Unternehmens lautete dieser Leitsatz z. B.: „Ich möchte mich stets als lernend erfahren und meine Mitmenschen dazu inspirieren, Lernen ebenfalls als sinnstiftend und glücksbringend zu entdecken." Für die Umsetzung im Team hat er diesen Leitsatz dann auf das Wort „Inspirieren" konzentriert.

Ein solcher Leitsatz ist dann auch der Maßstab, an dem die Umsetzung der Vision und das alltägliche Führungsverhalten überprüft wird. Eine Führungskraft, die sich auf Chopra einlassen kann, entwickelt mit diesem Buch eine Vision und erhält vielfältige Anregungen dazu, wie eine solche Vision in einem Team umgesetzt wird. Man lernt dabei nicht nur sich selber, sondern auch das eigene Team besser kennen und verstehen. Man weiß dann, was die eigene Identität mit der Teamidentität zu tun hat. Und wenn einer Führungskraft das Nachdenken über Vision und Identität schließlich zu viel werden mag, stellt sie doch fest, dass sie ihr Team im Alltag anders und erfolgreicher führt als bisher.

5.5   Fallgruben und Hilfen[8]

Die Gestaltung einer Teamidentität ist immer ein gemeinsamer Prozess von Führungskraft und Mitarbeitenden. Dies wird bei Top-down-Visionen oft vergessen. Sie werden auf Unternehmensebene recht häufig vom obersten Management erarbeitet, das

---

[7]Da ist die englische Originalausgabe mit „The Soul of Leadership. Unlocking Your Potential for Greatness" für Führungskräfte doch einladender.
[8]In diesem Kapitel hat der Autor Überlegungen von Senge (2017, S. 225 ff.) zu grundsätzlichen Problemen im Zusammenhang mit Visionen aufgegriffen und weiterentwickelt.

sich gemeinsam zurückzieht und dann mit einer Vision in den Unternehmensalltag zurückkehrt, begeistert darüber informiert und nun die Leute ins Boot holen will. Vergessen wird dabei, dass ein gemeinsamer Prozess des Topmanagements nur ein Teil des Weges ist. Die Mitarbeitenden werden dann mit einer gut formulierten Vision eingedeckt, an deren Gestaltung sie jedoch nicht teilhaben konnten. Dasselbe gilt auch für Top-down-Visionen auf Teamebene. Der Teamleiter kann auf ganz seriöse Art und Weise eine Vision fürs Team erarbeitet haben, die für ihn stimmt, glaubwürdig ist und ihn motiviert. Sie ist damit noch lange nicht als Teamidentität verankert.

* **Probleme bei Top-down-Visionen**
  - Gemeinsame Visionen können nicht von oben verordnet werden, denn Befehlsempfänger engagieren sich nicht aus innerster Überzeugung.
  - Schriftliche Visionserklärungen schaffen noch keine Gemeinsamkeiten und werden selten zum Leben erweckt, weil der Aufwand gescheut wird, die Leute ins Boot zu holen.
  - Visionen sind keine Lösung für Probleme. Sie ersetzen nicht die alltägliche Führungsarbeit. Z. B. werden Visionen entwickelt, weil eine unklare oder ungeeignete Strategie vorhanden ist. Man kann davon ausgehen, dass die Kraft der Vision schwindet, sobald das Problem gelöst ist.
  - Top-down-Visionen bauen nicht auf den persönlichen Visionen und Werten der beteiligten Führungskräfte auf. Es handelt sich in der Regel um intellektuell entwickelte ‚strategische Visionen' (vgl. Abschn. 5.4.5), die kaum in den Herzen verankert sind.
  - Selbst eine kraftvolle persönliche Vision, die in eine glaubwürdige Team-Vision umgesetzt wurde, verlangt besondere Anstrengungen, um die Vision als Teamidentität zu verankern.

Grundsätzlich gilt: Je mehr das Erarbeiten einer Teamvision als gemeinsamer Prozess verstanden wird, umso größer sind die Chancen, dass sie akzeptiert und umgesetzt wird, d. h., dass eine Teamidentität entsteht.

Es ist nicht immer möglich (Zeit, Geld, Dringlichkeit), den Aufbau einer Teamvision von Anfang an als gemeinsamen Prozess zu gestalten. Auch kann es sinnvoll sein, dass eine Führungskraft sich zuerst einmal ‚im stillen Kämmerlein' klar wird über Leitgedanken und z. B. eine Vision fürs Team entwickelt. Nur soll sie dann ein angepasstes Top-down-Vorgehen im Auge behalten, wenn sie die Mitarbeitenden für die eigene Vision gewinnen will.

- **Hilfreiche Handlungsstrategien beim Aufbau einer gemeinsamen Teamvision mit Leitgedanken**
    - Gestalten Sie den Aufbau einer Teamvision wenn möglich immer als gemeinsamen Prozess. Arbeiten Sie an Leitgedanken in gemeinsamen Teamworkshops.
    - Verkaufen Sie nicht Ihre eigene Vision, versuchen Sie nicht zu überzeugen, sondern lassen Sie daran teilhaben.
    - Stellen Sie Fragen an die Mitarbeitenden, hören Sie ihnen zu, nehmen Sie Einwände und andere Ideen auf – so lassen Sie Mitarbeitende an Ihrer Vision teilhaben.
    - Machen Sie Ihr eigenes Engagement deutlich: Wofür will ich mich engagieren? Warum? Was will ich leisten?
    - Lassen Sie die anderen frei wählen, sonst kommen sich die Mitarbeitenden manipuliert vor. Nicht jeder muss die Vision gleichermaßen akzeptieren. Mitarbeitende dürfen verschiedene Haltungen gegenüber einer Vision haben.
    - Seien Sie ehrlich. Sagen Sie auch, was die Vision an Negativem mit sich bringen kann.
    - Bitten Sie um Unterstützung, wenn Sie Einwilligung zu Leitgedanken brauchen. Wenn man offen über die Notwendigkeit einer Einwilligung spricht, verhindert man Heuchelei.

➤ **Führungskräfte können letztlich ihre Mitarbeitenden nicht dazu bewegen, eine gemeinsame Vision zu teilen und sich dafür zu engagieren. Sie können jedoch durch ihr Verhalten die Voraussetzungen dafür schaffen.**

Teamidentität und strategisches Denken

6.1 Strategische Teamziele entwickeln

Strategisch denken ist nicht dem obersten Management vorbehalten, sondern muss auch auf der Teamebene stattfinden. Es geht dabei nicht nur um die Umsetzung der Unternehmensstrategie, sondern auch um eigentliches strategisches Denken im eigenen Führungsbereich. *Solch strategisches Denken findet oft auch statt, ohne dass man sich dessen bewusst ist.* Jedes System (Unternehmen, Team) basiert nämlich auf Annahmen über die Zukunft und auf Strategien zu deren Bewältigung. Ohne solche Annahmen überlässt man das Überleben eines Systems dem Zufall. Auch wenn diese Annahmen oft gar nicht ausdrücklich formuliert wurden, unausgesprochen oder unbewusst sind sie vorhanden. Strategisch denken heißt nämlich nichts anderes als

- Vorstellungen über die Zukunft entwickeln,
- Vorstellungen über geeignete Mittel und Methoden entwickeln, wie diese Zukunft bewältigt werden soll.

Wenn Sie mit dem Team Leitgedanken entwickeln, arbeiten Sie nicht nur an einer Vision für das Team, sondern denken auch strategisch. Vision, Mission und Wertvorstellungen sind immer Teil einer Strategie. Strategisches Denken hat also auch unmittelbar mit der Gestaltung einer Teamidentität zu tun.

Wenn Teamvisionen nicht Wunschträume bleiben sollen, müssen daraus überprüfbare strategische Teamziele entwickelt werden, die für ein Team *strategische Priorität* auf dem Weg in die Zukunft haben.

© Springer Fachmedien Wiesbaden GmbH, ein Teil von Springer Nature 2019
U. Alter, *Teamidentität, Teamentwicklung und Führung*, essentials,
https://doi.org/10.1007/978-3-658-22640-4_6

- **Strategische Teamziele sind**
  - Meilensteine auf dem Weg in die Zukunft,
  - operationalisierte Leitgedanken, die prioritär werden, weil sie im Alltag noch zu wenig umgesetzt sind,
  - konkrete realisierbare Ziele, die durch Kooperation und Synergie im Team erreicht werden können.

Strategische Teamziele sind damit *konkretisierte Teamvisionen mit Terminen.* Sie haben immer mit Vorgehensweisen, Umsetzung von Leitgedanken, Zusammenarbeit auf der Teamebene oder Fähigkeiten im Team zu tun und nicht mit strategischen Output-Vorstellungen über Verkaufszahlen, Produkte, Entwicklungen.

Nicht aus allen Leitgedanken müssen strategische Teamziele entwickelt werden. Es geht darum, solche Leitgedanken in Ziele umzuformulieren, die im Zusammenhang mit der damit verbundenen Teamvision als zentral bzw. prioritär angesehen werden. So hat z. B. ein Beratungsteam im Dienstleistungssektor folgende strategischen Prioritäten für das kommende Jahr gemeinsam festgelegt:

1. Ab Ende 2016 funktioniert in unserem Team das Stellvertreterprinzip: Jeder Mitarbeitende hat einen Kollegen/eine Kollegin, welche/r ihn vollwertig vertreten kann.
   - Dahinter steht der Kundennutzen ‚Kompetente Ansprechpartner‘, also ein als Zweck formulierter Leitgedanke.
2. Bis Ende 2016 ist eine Feedback-Kultur institutionalisiert, welche den Ablauf der gemeinsamen Sitzungen und die Zusammenarbeit zwischen den Einzelnen beinhaltet.
   - Dahinter steckt die Wertvorstellung ‚Gegenseitige Wertschätzung‘.
3. Bis Ende September 2016 klärt jeder Mitarbeitende, welche Dienstleistungen er/ sie in Zukunft nicht mehr erbringt, um damit Platz zu schaffen für die Einführung der Online-Beratung. Zielvorstellung: 10 % Abbau im üblichen Angebot.
   - Dahinter steckt die Wertvorstellung ‚Offen für Neues‘.

Selbstverständlich werden solche Ziele auch mit entsprechenden Verantwortlichkeiten gesetzt. Mit strategischen Teamzielen führen Teamleitende ihre Teams auf eine vertraute herkömmliche Art und verankern gleichzeitig die Teamidentität. Für Teams ist es jedoch nicht selbstverständlich, dass nicht nur Output-Ziele formuliert werden, sondern auch Ziele, die den Umgang im Team und die Selbstverantwortung der Mitarbeitenden im Team festhalten.

6.2   Strategische Fragen in der Teamführung

Strategisches Denken beschäftigt sich mit der Zukunft. Nicht nur Unternehmen wollen überleben, selbstverständlich auch die Menschen, die darin arbeiten. Die grundlegende Frage ist deshalb sowohl für die Führungskraft wie für die Mitarbeitenden: *„Wie bleiben wir fit für die Zukunft?"* Wenn wir dies nämlich nicht schaffen, wird es uns in Zukunft als Team, als Führungskraft oder als Fachkraft in einem anderen Team nicht mehr geben. Antworten auf diese Frage holt man in der Regel durch eine *Defizitorientierung:* Man überlegt sich, was man verbessern muss. Dabei unterschätzt man, dass man auch das Falsche verbessern kann, weil es in Zukunft die verbesserte Schwäche oder die fehlende Fähigkeit gar nicht mehr braucht.

Wenn Sie fit bleiben wollen für die Zukunft, ist stattdessen eine *Zukunftsorientierung* zu empfehlen: Sie müssen *Trends und Entwicklungen* und deren Auswirkungen auf Sie als Führungskraft, als Mitarbeitender, als Teammitglied aufspüren.[1] Sie können sich nicht darauf verlassen, dass Leitgedanken mit einer verankerten Teamidentität Sie und das Team fit halten werden für die Zukunft. Sie müssen sich unmittelbar mit der Zukunft beschäftigen – auch auf Teamebene. Nur so können Sie sich selber, können sich die Mitarbeitenden, kann sich das Team entwickeln. Nur so können notwendige Veränderungen in der Gestaltung der Teamidentität eingeleitet werden. Solche strategischen Fragen der Teamführung sind:

- Was müssen wir ändern, um die gültige Unternehmensstrategie optimal umzusetzen?
- Welche Veränderungen kommen auf uns zu?
- Welche Trends in unserem Umfeld könnten Einfluss auf uns haben?
- Wie könnten diese Veränderungen und die Trends die Erwartungen unserer Kunden und Lieferanten beeinflussen?
- Was muss ich bei mir entwickeln, um den kommenden Erwartungen gerecht zu werden? (Fähigkeiten, Interessen, Werte, Denkhaltungen)

---

[1]Schein (2004) spricht in diesem Zusammenhang von strategischer Rollenanalyse und -planung, die der Einzelne vornehmen muss. Angesichts der Auswirkungen der Digitalisierung auf die Veränderung der Arbeitswelt sind gerade heute solche Analysen dringend und hilfreich.

- Was muss ich an den Strukturen und Ressourcen verändern, um den kommenden Erwartungen gerecht zu werden? (Organisation, Mittel, Verantwortlichkeiten, Stellenplan)
- Was müssen die Mitarbeitenden entwickeln, um den kommenden Erwartungen gerecht zu werden? (Fähigkeiten, Interessen, Werte, Denkhaltungen)

Die Beantwortung solcher Fragen ermöglicht auch einen Zugang zu Teamvisionen und zur Teamidentität. Sie sind vor allem als Standortbestimmung geeignet, um Leitgedanken zu überprüfen, bevor man an neue herangeht. Gleichzeitig geben Sie dem Einzelnen Hinweise, was er/sie verändern müsste und ob er/sie dies auch wollte. Denn auch in Zukunft wird sich für die Menschen am Arbeitsplatz die Frage stellen: Wer bin ich und möchte ich hier am Arbeitsplatz sein?

Was Sie aus diesem *essential* mitnehmen können

- Sie wissen, wie wichtig die Einhaltung des psychologischen Vertrags für das Engagement der Mitarbeitenden ist und wie dieses durch die Art der Führung beeinflusst wird.
- Identität am Arbeitsplatz und Teamidentität sind zwei wichtige Aspekte der Mitarbeiterführung, wenn von Mitarbeitenden erwartet wird, dass sie ihr Bestes geben. Es ist Aufgabe von Führungskräften, Identität zu ermöglichen.
- Auf der individuellen Ebene hat dieses Ermöglichen mit grundlegenden Orientierungen im Führungsverhalten zu tun. Auf der Teamebene tragen dazu Maßnahmen der Teamentwicklung bei, die eine nicht delegierbare Aufgabe der Teamleitenden ist.
- Teamidentität entsteht dann, wenn eine Führungskraft mit Mitarbeitenden zusammen Leitgedanken zum Was, Wie und Warum der Teamarbeit entwickelt. Das Ergebnis dieses gemeinsamen Prozesses ist eine Teamvision, die das Verhalten im Team prägt und Sicherheit und Zugehörigkeit bewirkt.
- Identität am Arbeitsplatz verändert sich. Der erfolgreiche Umgang mit solchen Veränderungen verlangt strategisches Denken auf der Teamebene und Überlegungen dazu, wie man sich selber und sein Team fit für die Zukunft hält.

© Springer Fachmedien Wiesbaden GmbH, ein Teil von Springer Nature 2019
U. Alter, *Teamidentität, Teamentwicklung und Führung,* essentials,
https://doi.org/10.1007/978-3-658-22640-4

Literatur

Chopra, D. (2012). *Mit dem Herzen führen. Management und Spiritualität.* Burgrain: Koha.

Frisch, M. (2015). *Fragebogen.* Frankfurt: Suhrkamp.

Gamma, A. (2012). Das kann nicht alles gewesen sein. Lehrgang und Modell am Lassalle-Institut Zen. Ethik. Leadership. In H. Hänsel (Hrsg.), *Die spirituelle Dimension in Coaching und Beratung.* Göttingen: Vandenhoeck & Ruprecht.

Grote, G., & Staffelbach, B. (Hrsg.). (2006). *Schweizer HR-Barometer 2006. Psychologischer Vertrag und Karriereorientierung.* Zürich: NZZ.

Grote, G., & Staffelbach, B. (Hrsg.). (2016). *Schweizer HR-Barometer 2016. Loyalität und Zynismus.* Zürich: Universität und ETH.

Lippmann, E., Pfister, A., & Jürg, U. (Hrsg.). (2018). *Handbuch Angewandte Psychologie für Führungskräfte. Führungskompetenz und Führungswissen* (5. Aufl.). Berlin: Springer.

Lombriser, R., & Abplanalp, P. A. (2005). *Strategisches Management. Visionen entwickeln. Strategien umsetzen. Erfolgspotenziale aufbauen* (4. Aufl.). Zürich: Versus.

Malik, F. (2014). *Führen. Leisten. Leben. Wirksames Management für eine neue Zeit.* Frankfurt: Campus.

Osterloh, M., & Weibel, A. (2006). *Investition Vertrauen. Prozesse der Vertrauensentwicklung in Organisationen.* Wiesbaden: Springer Gabler.

Schein, E. (2004). *Überleben im Wandel. Strategische Stellenanalyse und Rollenplanung.* Darmstadt: Lanzenberger.

Senge, P. M. (2017). *Die fünfte Disziplin. Kunst und Praxis der lernenden Organisation* (11. Aufl.). Stuttgart: Schäffer-Pöschel.

Senge, P. M., Kleiner, A., Smith, B., Roberts, C., & Ross, R. (2008). *Das Fieldbook zur fünften Disziplin* (5. Aufl.). Stuttgart: Schäffer-Pöschel.

Sennet, R. (2000). *Der flexible Mensch. Die Kultur des neuen Kapitalismus* (8. Aufl.). München: Siedler.

Schiersmann, C., & Thiel, H.-U. (2014). *Organisationsentwicklung. Prinzipien und Strategien in Veränderungsprozessen.* Wiesbaden: Springer.

Sprenger, R. K. (2014). *Mythos Motivation. Wege aus einer Sackgasse* (17. Aufl.). Frankfurt a. M.: Campus.

Vogel-Heuser, B., Bauernhansl, T., Hompel, M. ten. (Hrsg.). (2017). *Handbuch Industrie 4.0: Bd. 4. Allgemeine Grundlagen.* Berlin: Springer Vieweg.

© Springer Fachmedien Wiesbaden GmbH, ein Teil von Springer Nature 2019
U. Alter, *Teamidentität, Teamentwicklung und Führung, essentials,*
https://doi.org/10.1007/978-3-658-22640-4

Printed in the United States
By Bookmasters